宁波市
科技特派员制度二十年
创新与实践

张国成　王虎羽◎主编　　胡莎莎　王秋萍　过雄杰◎副主编

知识产权出版社

全国百佳图书出版单位

—北京—

图书在版编目（CIP）数据

宁波市科技特派员制度二十年创新与实践 / 张国成,王虎羽主编；胡莎莎, 王秋萍, 过雄杰副主编 . — 北京:知识产权出版社, 2024.3

ISBN 978-7-5130-9013-1

Ⅰ.①宁… Ⅱ.①张… ②王… ③胡… ④王… ⑤过… Ⅲ.①农业科技推广—研究—宁波 Ⅳ.① F327.553

中国国家版本馆CIP数据核字（2023）第239891号

内容提要

宁波市科技特派员制度实施20年来,扎实构建起覆盖全市乡、镇、村的"个人、团队、法人"科技特派员队伍,形成"乡乡都有科技特派员驻点、村村都有科技特派员服务"的工作格局,有效促进农业产业向科技化集群化融合化发展。本书聚焦科技特派员制度实施以来宁波市涌现出的法人、团队和个人科技特派员优秀典型,讲述他们把科技送下乡,促进科技成果转化、优势特色产业开发、农业科技园区建设的动人故事和典型经验。他们的先进事迹将激励、带动更多科技人员走上推动乡村产业振兴、建设美丽乡村的新征程。

本书适合关注振兴乡村产业、建设美丽乡村的管理者、参与者和相关研究人员阅读。

责任编辑：安耀东   责任印制：孙婷婷

宁波市科技特派员制度二十年创新与实践
NINGBO SHI KEJI TEPAIYUAN ZHIDU ERSHI NIAN CHUANGXIN YU SHIJIAN
张国成   王虎羽   主 编
胡莎莎   王秋萍   过雄杰   副主编

出版发行:知识产权出版社有限责任公司	网 址:http:// www.ipph.cn
电 话:010—82004826	http:// www.laichushu.com
社 址:北京市海淀区气象路50号院	邮 编:100081
责编电话:010—82000860转8534	责编邮箱:laichushu@cnipr.com
发行电话:010—82000860转8101	发行传真:010—82000893
印 刷:北京中献拓方科技发展有限公司	经 销:新华书店、各大网上书店及相关专业书店
开 本:720mm×1000mm 1/16	印 张:11
版 次:2024年3月第1版	印 次:2024年3月第1次印刷
字 数:148千字	定 价:98.00元

ISBN 978-7-5130-9013-1

编 委 会

前　　言

　　科技特派员制度是习近平总书记在浙江工作期间亲自倡导、亲自部署、亲自推动的一项重要制度，是科技助力共同富裕的一项伟大创举，在全面开启农业农村现代化的新征程上激发起强劲动能，激荡起万千乡村的精彩蝶变。

　　宁波市委、市政府始终把科技特派员工作摆在推动乡村振兴战略的重要位置，坚持人才下沉、科技下乡、服务"三农"。二十载寒暑，宁波科技特派员以智慧和汗水浇灌乡野，以实干和担当勇立潮头。他们穿梭山林、躬耕田野，做给农民看、带着农民干、帮着农民赚，把科技致富的种子播撒在宁波的沃野乡间。一个乡乡有驻点、村村有服务的全体系、多维度、强辐射的科技特派员工作格局已然成形，一场变"绿水青山"为"金山银山"的攻坚战成效显现。

　　在优秀的科技特派员案例中，我们看到了科技特派员们以技术为弦，奏响科技兴农的"奏鸣曲"；以产业为谱，奏响科技强农的"进行曲"；以共富为音，奏响科技富农的"协奏曲"。他们牢记习近平总书记殷殷嘱托，把论文写在大地上，把成果留在百姓家。他们不仅将科技种子播撒在宁波的乡间田野，更让科技的力量在全国范围内开花结果。他们让薄地变良田，让乡村焕新颜；他们让科技的风帆在海洋中乘风破浪，驶向农业强国的伟大征途。

　　这些优秀的科技特派员案例，展示了科技特派员制度在推动乡村振兴、建设农业强国中的重要作用。他们的故事充满着奋斗、创新和奉献精神，激励着我们为实现农业农村现代化而不懈努力。

让我们铭记科技特派员的付出和贡献,向他们致以崇高的敬意! 同时,让我们携手推动科技特派员制度不断走深走实、出新出彩,为全面推进乡村振兴、建设农业强国、迈向共同富裕贡献更大的力量!

目　　录

个人科技特派员风采篇

宁波市科技特派员制度的创新

创新是乡村全面振兴的重要支撑。

科技特派员制度是习近平总书记在浙江省工作期间亲自倡导、亲自部署、亲自推动的一项重要制度。习近平总书记在给浙江省科技特派员代表的回信中,满怀深情地肯定浙江推行科技特派员制度20年以来,广大科技特派员在之江大地取得的累累硕果。

一直以来,宁波市认真贯彻落实习近平总书记关于科技特派员制度的重要指示批示精神及省市有关工作部署,高举科技特派员制度旗帜,通过加强顶层设计、强化组织领导、优化政策环境、完善扶持机制等举措,将科技特派员制度作为科技创新人才服务乡村振兴的重要工作抓实抓好,农业科技社会化服务体系进一步完善,有力推进农业科技进步,为助推乡村振兴战略实施提供强有力的科技支撑。20年来,宁波市扎实构建起覆盖全市所有乡镇及乡村产业的"法人、团队、个人"科技特派员队伍,累计选派法人科技特派员10个、团队科技特派员148个、个人科技特派员1359人,形成"乡乡都有科技特派员驻点、村村都有科技特派员服务"的工作格局,引进推广近4000项适用农业农村的新技术,直接带动逾万农户增收,间接带动2.3万户农户增收,有效地促进农业产业向科技化、集群化、融合化发展。

加强顶层设计,持续优化科技特派员制度的政策环境。宁波市高度重视科技特派员工作,2020年7月8日,宁波市委十三届八次全会把"深入实施'两进两回'行动和农村工作指导员、科技特派员制度,到2025年,高质量构建'十百千'科技特派员技术服务体系"写入《中共宁波市委关于深入实施人才和创新"栽树工程",加快建设高水平创新型城市的决定》,为高质量推进科技特派员制度提供有力支撑。新时代对科技特派员制度发展提出新需求。2019年以来,宁波市对《关于深入开展科技特派员农村科技创业行动的实施意见》等一系列政策措施及其实施成效进行深入调研、全面总结和分析梳理,于2021年以市委、市政府名义出台《关于深入推进科技特派员制度建设的若干意见》,为下一步加快推进科技特派员制度发展、构建长效科技特派员服务机制提供有力的政策保障。

强化科技创新,持续推动农业科技成果转化应用。近年来,宁波市面向现代农业和农村的发展需求,重点围绕农业关键核心技术攻关、科技特派员创业创新过程中的关键环节和现实需要,启动实施现代种业重大专项和农业科技计划项目等,在水稻育种、水产新产品认定等方面取得了一批重大科技成果。其中,由宁波市农业科学研究院、宁波种业股份有限公司的马荣荣、王晓燕、陆永法联合培育的14个杂交水稻品种获新品种证书。超级稻"甬优1540"品种在黔西南布依族苗族自治州兴义市万峰林街道超高产示范方中,最高亩产达1081.8千克,刷新贵州省水稻单产纪录。宁波市奉化区江口街道种粮大户竺海龙种植的"甬优1540"连作晚稻百亩方亩产最高达到801.79千克,打破"浙江农业之最"纪录。科技特派员徐善良、蒋霞敏等潜心研究人工养殖银鲳2万余尾,平均体重91.1克,人工养殖虎斑乌贼1万余只,平均体重1000.7克,两个水产品种目前均打破了国内人工养殖数量最多、单体最大的纪录。大黄鱼"甬岱1号"、缢蛏"甬乐1号"通过农业农村部水产新品种审定。据不完全统计,目前宁波市累计通过国家新品种审定12个、国家新品种授权126个,培育育种企业近百家、种业创新团队260余个,年产值超35亿元,良种覆盖率超过98%,居浙江省前列。

加快农业创新平台建设,持续完善农业社会化科技服务体系。为加快推进农业农村创新创业,宁波市依托农业科技园区、"星创天地"等现代农业创新主体,充分发挥平台优势,打造集创业人才集聚、技术集成示范、创业培育孵化、创业人才培训、科技金融服务和创业政策集成等功能于一体的农业综合性服务平台,鼓励科技特派员依托平台创新创业,加快推动科技创新要素向农村流动,提升乡村振兴产业能级。为规范"星创天地"的建设与管理,制定出台《宁波市星创天地备案与管理办法》,对获得国家级、省级、市级备案的"星创天地",经考核为优秀的,分别给予100万元、80万元、50万元的补助。截至目前,宁波市已建成国家级农业科技园区2家、省级农业科技园区3家、省级重点农业企业研究院4家。为持续完善农村科技服务体系,提高先进农业技术和成果的推广应用,宁波市科技局策划制作的农村适用技术课件206部,被科学技术部(以下简称"科技部")收录为专题教材,时长2216分钟。同时,宁波市利用近4000个接收站点,开展先进适用农业技术宣讲培训,相关工作连续五年居全国省级单位前五,计划单列市第一。

深入落实科技对口支援,持续发挥科技助力脱贫攻坚的支撑作用。宁波市出台与黔西南布依族苗族自治州、延边朝鲜族自治州科技扶贫协作三年行动计划,与丽水市科技山海协作三年行动计划等,进一步强调科技特派员的重要作用,明确科技特派员的主攻方向,突出科技帮扶的特色优势。同时,宁波市通过科技特派员在全市经济相对欠发达县(区)实施国家科技富民强县项目,增加农民收入,壮大县域经济实力。"甬甜5号"是宁波市农业科学研究院选育的甜瓜新品种,由该院蔬菜所科技特派员团队引种到新疆维吾尔自治区库车市,种植面积超过1万亩,一年两茬,亩产在2吨左右,批发价格达到每千克12元。它是甬库两地文化、产业交流和民族团结的见证,被当地维吾尔族群众亲切地称为"团结瓜"。"甬优"籼粳杂交水稻在对口支援地区黔西南布依族苗族自治州、丽水市,瓜类砧木在延边朝鲜族自治州,都得到广泛推广,受到当地农民、农业科技人员交口称赞,为助力精准扶贫做出有力贡献。

科技特派员制度推行 20 年来,坚持人才下沉、科技下乡、服务"三农",队伍不断壮大,成为党的"三农"政策的宣传队、农业科技的传播者、科技创新创业的领头羊、乡村脱贫致富的带头人,使广大农民得到了更多获得感、幸福感。下一阶段,宁波市将围绕全市"农业双强"行动和高水平推进乡村振兴科技支撑行动,从持续壮大队伍、加大服务推广和增强服务效能等方面提升科技特派员服务能力,围绕杨梅、"红美人"柑橘、水蜜桃等本地特色农产品和产业链融合,重点面向相对欠发达的 16 个乡镇及 3 个片区,强化双向选择靶点选派,计划在原来的基础上新增特派员 50 人以上;通过团队特派员项目,支持科技特派员大力推广现代农业新技术、新方法,计划年实施农业科技创新成果转化 100 项以上;通过加强科技特派员的交流培训,加大工作绩效考核和基层创新创业的典型事迹宣传报道,推动科技特派员以更大的活力、更高的水平服务乡村振兴和社会经济高质量发展。

法人科技特派员

引领篇

把论文写在田野上

——宁波市农业科学研究院开展科技特派员工作纪实

宁波市农业科学研究院是宁波市农业科技创新工作的重要研发和技术支撑力量。近年来,宁波市农业科学研究院深入贯彻落实农业农村优先发展的重要战略,扎根基层、服务"三农",围绕"品种产业化、服务资质化、平台实体化"等方面探索出一系列扎实有效的创新做法,在水稻、蔬菜等优势品种的研发推广和科技特派员工作开展等方面取得明显成效。

※宁波市农业科学研究院外景

作为科技特派员的法人单位,宁波市农业科学研究院始终坚持"科研是服务之本、服务是成果之花"的理念,以科技人才为主体,以科技成果为纽带,将科技特派员的工作与科研创新、成果转化紧密结合起来。自宁波市实施科技特派员制度以来,宁波市农业科学研究院累计选派个人科技特派员59人,团队科技特派员108团次,对接鄞州、慈溪、余姚、宁海、奉化、北仑等10个区(县、市),服务村、合作社、企业等农业主体195家,先后获得宁波市科技特派员工作先进单位、全国五一劳动奖状、全国专业技术人才先进集体等荣誉。2019年,宁波市农业科学研究院作为科技特派员优秀组织实施单位受到科技部通报表扬;2023年,宁波市农业科学研究院获评浙江省科技特派员工作先进集体。20年来,宁波市农业科学研究院累计开展科技下乡服务2400余人次,现场指导8000余人次,解决技术问题800余个,结合服务区域发展需求有针对性地开展特色服务,助力地方主导和特色产业转型升级,为保障"米袋子""菜篮子"提供坚强的科技支撑。

❉宁波市农业科学研究院选育的"甬籼634"水稻长势喜人

宁波市农业科学研究院注重工作机制创新。宁波市农业科学研究院高度重视科技特派员工作,每年多次组织专家深入派驻地调研,保障落实帮扶资金,开展精准帮扶,举全院之力破解农业生产难题,团队科技特派员人员比例占全院科研人员的75%以上。在科技特派员选派上,宁波市农业科学研究院充分考量专业优势,科技特派员、团队首席专家都是副高以上职称的市级重点科研项目主持人;同时依托科研项目实施精准帮扶,近6年累计与企业合作实施科研和技术开发项目100多项,有效提升了科技服务质量。宁波市农业科学研究院在科技特派员业绩考核、岗位聘任、职称评审等政策上给予倾斜支持,激发科技特派员服务热情,如个人科技特派员在享受科研人员平均绩效奖励外,还能享受科技成果及转化奖励。

宁波市农业科学研究院注重平台服务创新。2013年以来,宁波市农业科学研究院陆续建立了象山、慈溪、余姚、奉化、宁海5个区(县、市)的院地合作工作站,与正大集团、宁波天胜农牧发展有限公司等合建企业研究院,每年不定期召开需求对接会,聚焦服务方向、突出区域特色、壮大优势产业,如象山县“水稻+”和“特色果蔬保鲜”,奉化区“草莓+”和“水稻生态防控”,慈溪市“西甜瓜+”和“盐碱地治理”,宁海县“水稻制种”和“西甜瓜栽培”,余姚市“榨菜+”等服务策略,安排团队开展全产业链综合服务。同时,宁波市农业科学研究院依托“全国首批新型职业农民培育示范基地”“浙江省现代农业技术培训基地”和“宁波农民学院”等载体,建成一支院内培训师资队伍,形成水稻、西甜瓜、草莓、林果、保鲜加工等特色培训项目,累计培训高素质农民和农技人员8106名,极大提升了全市现代农业良种良法覆盖率,获批全国首批新型职业农民培育示范基地和浙江省农民大学示范实训基地。

※宁波市农业科学研究院畜禽研究所副所长陈淑芳（右）在查看白鹅生长情况

　　宁波市农业科学研究院注重服务模式创新。宁波市农业科学研究院坚持将科技特派员工作贯穿科研攻关、成果推广全过程，坚持"将论文写在大地上"，突出品种和技术两条线，85%以上的科研项目都与企业、农场联合实施，以解决产业需求、企业难题为项目研究的出发点，共同培育高质量科技成果。近年来，其引进、推广示范水稻、蔬菜、西甜瓜、杨梅、樱桃、柑橘、马铃薯、花卉等新品种500多个，推广面积超过1000万亩次。自主选育水稻品种种植面积连续10年居浙江省首位，占全省水稻种植面积1/3以上，占宁波市晚稻、单季稻种植面积85%以上，占早稻种植面积65%以上。其中，"甬优1540"被列为全国粮油生产主导品种，"甬优15"等被70余项次列为省市主导品种。"甬优"籼粳杂交水稻持续保持浙江、江苏、福建、贵州4省高产纪录；榨菜、雪菜、包心芥等多次创造和打破"浙江农业之最"纪录。

※宁波市农业科学研究院院长王毓洪（右二）赴新疆指导"团结瓜"的种植

　　宁波市农业科学研究院注重服务内容创新。宁波市农业科学研究院围绕乡村振兴进程中的新需求，聚焦产业兴旺、种业优农、对口帮扶等重点工作，构建团队科技特派员服务乡村特色产业链、个人科技特派员服务农业经营主体的科技服务架构，开展从品种、种植、检测、加工、物流、销售等覆盖全产业链的技术服务，明确提出"一队一产业、一人一基地、一月一服务、一次一难题"的服务模式。一方面，对照"农业现代产业规划"，加强乡镇和县（区）级顶层设计，助力农业强镇和美丽乡村建设；另一方面，特色水果种植特派员团队根据余姚市梁弄镇等地发展休闲观光农业需要，筛选、引进适宜发展的"黑珍珠"等樱桃品种和台湾长果桑、四季果桑、早熟大果型蓝莓、台湾凤梨等新优品种，延长鲜果供应期，提升产业效益；针对黔西南布依族苗族自治州和延边朝鲜族自治州产业扶贫需要，帮扶发展"甬优"高产优质水稻、"西甜瓜+水稻"和黄瓜砧木精准帮扶项目,助推当地农业增效。同时,宁波市农业科学研究院深入现场开展技术服务,组织科技特派员赴全市百余家企业、合作社实地开展技术指导和科技惠农政策宣讲,累计为基层提供优质水稻原种超13 000千克、春播蔬菜种子3000余亩、马铃薯脱毒苗2万余株,强化种子源头保障。

❋宁波市农业科学研究院科研人员为农户推广甜瓜

为农民点亮科技之光

——浙江万里学院深入开展科技特派员工作

❀浙江万里学院科技特派员何琳(右一)与养殖户交流缢蛏养殖技术

作为法人科技特派员单位,近年来,浙江万里学院(以下简称"学院")以科技特派员工作为抓手,坚持将科研实力强、服务意识好的优秀人才选派到一线,送科技下乡、服务"三农"。从2003年开始,学院累计派出300余人次担任科技特派员,对接服务宁波市鄞州、宁海、象山等8个区(县、市)和台州市三门县、衢州市开化县、丽水市青田县和松阳县、温州市永嘉县等地的30多个乡镇的100多个村,充分发挥学院在水产良种繁育、生态养殖、经济作物新品种推广、畜禽养殖技术专项改良、农产品加工、电商创业、乡村规划等方面的专业优势,通过引进新品种、推广新技术、开设培训班、发放技术手册,以及通过线上指导等方式,为当地群众解决实际问题,点亮科技之光。同时,学院积极响应宁波市科技局号召,支援帮扶贵州黔西南布依族苗族自治州等地区,通过发挥科技特派员在水产良种繁育等方面的专业优势,累计线下服务380余次,为当地推广新技术50余项,实施科技开发项目近40个,服务农民1300多人,辐射带动3万多人,并成功孵化创业企业3家。

近两年,学院先后形成科技下乡万里行、科技强农、乡村振兴科技服务团队等典型经验,探索创新"科技特派员+重点县+示范基地"等服务模式,打响了万里科技特派员的工作品牌。学院被科技部认定为"第二批国家级科技特派员创业培训基地",多次荣获浙江省、宁波市科技特派员先进派出单位等荣誉称号。学院涌现出一大批优秀科技特派员,陈忠法、柳海宁、何琳、林志华、吴月燕、汪财生、钱国英等先后获评国家优秀科技特派员、省功勋科技特派员、省突出贡献科技特派员、省优秀科技特派员等荣誉称号。科技特派员先进事迹被"学习强国"宁波学习平台、人民网、浙江新闻网、《宁波日报》等主流媒体转载报道,受到广泛关注。

学院科技特派员注重团队化、专业化,保障服务质量。学院高度重视科技特派员工作,成立由校长担任组长,主管副校长和校地合作部、科研部、人事部、组织部以及相关学院组成的"科技帮扶促调活动小组",分别围绕海洋贝类和中华鳖育种等,组建科技特派员团队。同时,学院充分发挥科研优势,择优选派教师作为科技特派员,强化监督、培训和管理,每年对科技特派员工作进行绩效考评,推动科技特派员为区域发展贡献力量。在人员结构上,学院科技特派员呈现团队化、专业化特点。值得一提的是,科技特派员队伍中,获得或入选国务院政府特殊津贴、国家优秀青年基金、浙江省"万人计划"人才库、宁波市领军与拔尖人才等市级及以上人才项目或荣誉50余人次。专业化的人才切实保障了技术服务质量。

学院科技特派员服务5市30余镇,人人争当科技特派员模范。服务区域上,学院市派科技特派员以宁波市辖区(县、市)为主要范围,围绕乡村特色产业建设,建立"全链条"科技服务平台,全方位延伸和拓展科技服务。学院与象山县合作共建产学研联盟,在青田县、天台县等地注重扶持和孵化专业合作社,与宁海县、中国海洋大学三方合作共建"浙江万里学院宁海海洋生物种业研究院",在景宁县设立"乡村振兴专家工作站"……多年来,学院在浙江省内各地,创新构建"一对一""N对一"帮扶模式,重点提供品种选育、科技成果转化、科技决策咨询等服务,助力乡村振兴工作走深走实。此外,学院还与贵州黔西南喀斯特区域发展研究院对接,重点扶植当地葡萄产业发展,建立葡萄示范基地3个,推广"鄞红""阳光玫瑰"等优良品种5个,实地开展葡萄整形修剪示范50余亩,培训人员60人次。

学院科技特派员推广"新品种+新技术",推动乡村产业发展。学院科技特派员技术优势主要集中在水产养殖、植物栽培、海洋渔业、食品加工、畜禽养殖、新农村建设等领域。基于学科优势,学院科技特派员重点开展滩涂养殖、果蔬种植等新品种繁育,突破种业关键共性技术,助力县域特色产业发展。学院科技特派员累计推广新品种30余种,新技术150余项;推广养殖自主培育的文蛤、缢蛏等多个新品种,累计超21 000亩,增加经济效益3600多万元;在象山县黄避岙乡,推广软颗粒饲料喂养技术,成活率提高10%以上,累计推广应用120多户;在余姚、慈溪等地推广葡萄良种新品种,亩均增收3000元以上,平均亩产效益达1万多元。学院科技特派员累计实施科技开发项目200多项。针对余姚榨菜、鄞州雪菜等传统腌制工艺中的问题,学院采用低盐发酵技术,经推广应用,累计种植榨菜31.2万亩,实现加工总产值7.4亿元,带动7800多户农户种菜致富,增加收入1亿元;改良桑果种植中白果病问题防治技术,为果农增收近1000万元,年经济效益增加3000多万元。

※浙江万里学院举办海水池塘贝类综合养殖培训班

学院科技特派员注重培育专业化新农人,构建科技服务体系,以点带面、培养技术能手。科技特派员陈忠法教授在丽水市季宅乡采用"合作社+基地+农户"模式发展养蜂产业,让农民看到实实在在的效益,再由他培养的技术能手指导其他农户实际操作,目前已带动全乡150多户养殖中蜂2200多箱,每年可以为农户带来经济效益约110万元。经他培养的技术能手陈友旺荣获丽水市"青年养蜂能手"称号,洪绍光获丽水市"养蜂带头人"称号。

学院科技特派员着力孵化创业,让农户当上老板。台州市三门县花桥镇下岙方村的方俊是大学毕业后回乡创业青年,学院海洋贝类产业团队将其作为团队开展技术示范推广的重点对象,建议其成立合作社,为其提供技术示范指导。由方俊创办的合作社已集聚养殖户23户,养殖种类包括贝(缢蛏、泥蚶)、虾(脊尾白虾)、蟹(青蟹)等,面积达570亩,科技特派员服务体系网络更加健全。此外,学院还积极承办农民进高校培训班,累计培训农民2000余人次;通过农村基层组织的农民培训,累计培训2万余人次,发放科普资料2万余册,服务农业企业200多家。

扎根乡村二十载,振兴乡村惠"三农"

——宁波大学全力助推科技特派员工作走深走实

作为浙江省和宁波市科技特派员派出单位之一,宁波大学以习近平总书记关于科技特派员工作的重要指示和批示精神为指导,坚持人才下沉、科技下乡、服务"三农",队伍不断壮大,成为党的"三农"政策的宣传队、农业科技的传播者、科技创新创业的领头羊、乡村脱贫致富的带头人,使广大农民有了更多获得感、幸福感。

❉宁波大学外景

自 2003 年启动科技特派员工作以来,宁波大学 20 年不间断服务"三农",共组织派出省事业法人科技特派员 1 个、省个人科技特派员 70 人次、省团队科技特派员 8 个;市个人科技特派员 165 人次、团队科技特派员 91 个,涌现出一批服务用心、技术过硬、甘于奉献的科技特派员典型。宁波大学获得省、市科技特派员先进单位荣誉,共 40 人次教师和团队获优秀科技特派员称号。

抓好人员选派,提升队伍服务质量。通过专项工作公开布置、个人报名、组织推荐等环节,结合派驻地产业特点和优势、学校相关学科特色、教师选派意愿及地方服务能力等,宁波大学精心筛选科技特派员个人及团队,人员涉及海洋、材化、机械、信息和法律等相关学科,负责人均具有副高级以上职称或硕士以上学位,政治思想素质高、专业技术能力强、热爱科技服务工作且具有丰富的科技服务经验。严格而精准的选派充分保证了科技特派员队伍的高质量。

创新管理模式,构建科学激励机制。宁波大学进一步完善科技特派员激励措施,在学校考核中将科技特派员工作纳入聘期赋分、专项目标考核体系。此外,宁波大学还将长期服务乡镇的科技特派员纳入社会服务与推广型高级职称的评审指标,降低了对科研、教学的要求,偏重于产业化应用及服务地方能力。一系列的保障激励政策,解除了学校科技特派员的"后顾之忧",让他们能更加安心地在派驻地开展工作。

加强沟通联系,做好典型案例宣传。宁波大学通过召开座谈会、走访探视科技特派员等方式加强沟通联系,及时了解相关情况和困难,认真听取科技特派员的意见或建议,尽可能创造条件支持科技特派员开展工作;并通过工作计划、工作交流、工作总结等督促科技特派员保质保量完成任务。同时,宁波大学通过校外媒体及学校新闻网、微信平台等,宣传报道宁波大学科技特派员深入农村、深入基层,进行技术服务、提升农村科技和文化素养、促进科技创新创业的风采,努力营造良好的服务氛围。

以点带面,推进校地科技合作。宁波大学利用各类科技平台资源,结合多学科、大团队的整体技术支撑,起到以点带面的作用,努力将派驻地打造成为产学研合作信息的聚集点和技术服务的中转站,为地方经济和社会发展提供全方位、深层次的科技服务,进一步架起校、乡、企服务的桥梁,进一步促进乡村振兴工作。

❋科研人员在观察青蟹长势

　　采取有效手段,支持科技项目开展。宁波大学把项目实施与农村生产力发展紧密结合,围绕主导产业和区域优势特色产业,开发有市场前景、科技含量和推广价值的项目,促进科技服务农村创业行动向纵深发展。截至目前,学校已承担省、市科技特派员项目70余项。通过科技特派员项目的实施,加快了派驻地相关产业升级,提升了派驻地农业科技生产水平。徐善良教授和王亚军教授所带领的团队主持东海银鲳产业化项目,攻破世界难题——"出海即死"的银鲳养殖成功。省优秀科技特派员骆其君教授针对紫菜养殖现状,开启了"点、线、面"的服务模式,推动了紫菜产业快速发展。

立足地方实际，支持地方经济发展。宁波大学与周边多个区（县、市）结成服务合作关系，精准对接派驻地产业的发展需求，发挥学科与人才优势，为地方产业升级、技术攻关、发展规划提供更全面、更深入、更精准的科技服务。截至目前，科技特派员服务区域已覆盖20余个区（县、市）的近200家企业。母昌考教授带领团队积极服务"乡村振兴"和"海洋强国"战略，送科技到农户、进渔村、入企业，服务遍布全国7个省份，追随焦裕禄同志的足迹将"海水养殖物种拟穴青蟹"养殖技术推广到了河南省兰考县的盐碱地，其事迹获中央电视台、《人民日报》等多家媒体报道。奉化区水蜜桃保鲜团队在解决保鲜难题基础上，充分替果农们考虑经济成本，每箱水蜜桃只需5毛钱左右，就能让水蜜桃"驻颜有术"，显著延长货架期，适合快递运输或跨境出口，大幅度提升产品销售量。2020年7月31日，《人民日报》新媒体平台发布了《宁波大学教师苦研水蜜桃"驻颜术"，帮了浙江桃农大忙》的报道。

建立服务机制和团队，助力双方深层次合作。宁波大学推进与派驻地区的服务合作关系，以水产产业需求为导向，围绕以东海区域特色物种为主的遗传育种与养殖技术等6个学科方向，开展实施200多个科研项目，形成大黄鱼"东海1号"、三疣梭子蟹"科甬1号"、坛紫菜"浙东1号"、香鱼"浙闽1号"和大黄鱼"甬岱1号"5个国审水产新品种；突破青蟹内陆盐碱地养殖、银鲳人工养殖等100余个水产产业关键新技术，取得130余个发明专利与180余个实用新型专利，直接服务100多家水产企业；通过技术服务产业扶贫100多家，转化专利等技术成果42项，引领支撑东海"蓝色粮仓"建设与乡村振兴战略。

❋科技特派员现场指导青蟹养殖工作

同时,宁波大学积极推动实用技术人才培训,组织渔业高质量发展技术培训班暨研讨交流会、健康高效水产养殖培训班等活动,累计吸引相关企业500余名技术人员参加培训。此外,宁波大学还助推100余名学生在宁波市象山港引种育种水产养殖有限公司等多家企业进行实习和就业对接,在服务企业的同时,也将高校课堂搬到了田间地头。

团队科技特派员

服务篇

扎根乡土集众智,稻穗飘香青蟹肥

——宁波市海洋与渔业研究院蟹、虾育苗养殖科技特派员团队

宁波市海洋与渔业研究院蟹、虾育苗养殖科技特派员团队,由负责人全中文及成员王扬才、朱励华等组成。团队经过近10年的研究,创建了拟穴青蟹多季生态繁育方法。该方法以池塘生态系统为核心,采取育苗池塘生态系统建立、培育、维护、保障幼体营养需求的技术措施。团队开发了基于生殖调控的抱卵培育技术,创建了幼体迁移培育,革新了池塘和室内池结合的育苗工艺,实现了春季—夏季—秋季多季规模化生产,攻克了青蟹规模化人工育苗生产技术难题。"拟穴青蟹选育与规模化繁育技术研究与示范"项目获2019年度宁波市农业实用技术推广奖。

2020年10月的一个上午,在象山县黄避岙乡高泥村的一块稻田里,当地里海农业发展有限公司的工人,正排干稻田四周沟渠的水,忙着捕捉青蟹。"田里青蟹很多啊,走上两步拿脚一探就有,个头大的有半斤来重呢!"公司负责人带着满脸收获的喜悦说。

青蟹原是大海的特产,然而宁波市海洋与渔业研究院蟹、虾育苗养殖科技特派员团队却创造了一个新的奇迹。

❈科技特派员正在采集水样进行检测

　　经过两年的摸索和攻关,由宁波市海洋与渔业研究院承担的市级科技计划项目"拟穴青蟹抗逆(病)良种选育与繁育技术"中的"水稻+青蟹种养殖模式"试验获得成功,在国内首次实现在水稻田里养青蟹,并通过了专家现场验收。该项目的突破性在于首次证明了水稻田里也能养青蟹。

　　经过测算,养蟹的稻田,水的盐度为0.6‰~2.5‰。在这样的环境里,人工选育的低盐耐受青蟹苗也能顺利长大。这就意味着很多稻田都能养青蟹,这将大大拓展养殖空间,极大地推进青蟹稻田养殖产业的发展。

这个奇迹的创造者——宁波市海洋与渔业研究院蟹、虾育苗养殖科技特派员团队,由科技特派员金中文、王扬才、朱励华组成。在近10年的潜心钻研下,该团队攻克了青蟹规模化人工育苗生产的一系列技术难题。

一方面,团队创建了拟穴青蟹多季生态繁育方法,以池塘生态系统为核心,采取育苗池塘生态系统建立、培育、维护、保障幼体营养需求的技术措施。在这项技术的支持下,青蟹幼体 Z1—M 阶段的成活率可达(14.24±6.87)%。

另一方面,团队开发了基于生殖调控的抱卵培育技术,创建了幼体迁移培育,革新了池塘和室内池结合的育苗工艺,制定了亲蟹繁殖营养强化的饵料投喂策略,建立了活体卵巢观察装置和亲蟹培育设施系统,也为春季—夏季—秋季蟹苗培育提供了稳定优质的抱卵亲蟹,亲蟹抱卵率达62.2%。

一方水土养一方人,同样滋养着其他生命。想要筛选出适合宁波市本地生长的品质优、生长快和抗逆(病)力强的优良青蟹养殖品种,需要的不仅仅是脑力,更需要扎根乡土、扎根一线,十年如一日地将热情挥洒在脚下的这片水田。

团队深入探索幼体适应环境的规律,开发了幼体移池培育技术,对传统青蟹育苗技术体系和工艺进行了革新。在团队的努力钻研下,青蟹蟹苗繁育从溞状幼体 I 期至仔蟹 I 期的平均变态成活率达8.16%,单位产量达872.38ind/m²,比常规方法变态成活率提高60%,并将浙江地区春季拟穴青蟹出苗时间提早到4月18日,秋季出苗时间推后到10月20日。

眼下,宁波市的青蟹海水池塘养殖面积维持在6万亩左右,平均亩产量在30千克上下,养殖面积少、产量低导致青蟹供给不足、"身价"高。团队采用生态育苗技术,工厂蟹苗繁育的成活率可达到往常的3倍,蟹苗的健康状况、抗病能力、生长速度也得到提升,不仅能帮助养殖户增收,也能促使青蟹售价趋于"平民化"。人工苗大量替代天然蟹苗,也能大大减轻对天然资源过度捕捞造成的生态压力,成果的应用更利于海洋资源的保护。"水稻+青蟹"种养模式还能减少农药、化肥的施用,有效提高稻田的综合效益,为发展种养结合的高效生态农业提供新"样板"。

※科技特派员正在查看青蟹长势

与此同时,团队也开展了对虾养殖技术指导方面的工作,指导对虾养殖企业调整二茬养殖方式,深入池边指导宁海晨曦水产养殖公司开展二茬斑节对虾的养殖,积极开拓适应本土的新的养虾模式,帮助养殖户规划设计对虾标粗场,开展养殖尾水治理工作。

百舸争流千帆竞，借海扬帆奋者先。耀眼的成绩并非凭空而来——宁波市海洋与渔业研究院蟹、虾育苗养殖科技特派员团队，正将科技的力量不断注入渔业生产，以实际行动推广宁波渔业领域新技术、新品种，用心装点老百姓的美味餐桌，让更多人享受科技带来的幸福生活。

集成创新、科技赋能——宁波有群"渔博士"

——宁波市海洋与渔业研究院
岱衢族大黄鱼科技特派员团队

宁波市海洋与渔业研究院岱衢族大黄鱼科技特派员团队由吴雄飞、沈伟良、王雪磊、黄琳、施祥元组成。从2012年开始,该团队陆续入驻宁波市岱衢族大黄鱼育苗与养殖5家核心企业,通过派驻技术人员长期入驻企业,开展蹲点服务,合作开展科研、制定生产技术规范与标准、组织技术培训等。团队进行了岱衢族大黄鱼良种选育与繁育、养殖产品品质改良与质量安全管理,配合饲料应用、养殖病害检测与防控等先进技术,推动被服务企业在标准化生产技术水平、病害防控与质量安全管理水平、养殖产品品质和品牌建设等方面得到较大提高,被服务企业取得了较好效益。

大黄鱼是一种价值高、味美、群众十分喜爱的海产鱼类,是我国传统四大海洋经济鱼类之一,有着"海水国鱼"的美誉。但由于滥捞等多种因素,至20世纪70年代末,浙江省的大黄鱼资源已基本枯竭,大黄鱼成了餐桌上的"奢侈品"。

近年来,随着生物技术的提升,养殖技术、病害应对举措日渐成熟,大黄鱼再一次以亲民的价格回归到了百姓的餐桌上。而这种改变,与宁波的一群"渔博士"息息相关。

❖ 岱衢族大黄鱼

　　宁波市海洋与渔业研究院岱衢族大黄鱼科技特派员团队由吴雄飞、沈伟良、王雪磊、黄琳、施祥元组成。十二年磨一剑，团队成员刻苦钻研业务，面向生产实际，深入生产一线，把岱衢族大黄鱼良种选育与繁育、养殖产品品质改良与质量安全管理、配合饲料应用、养殖病害检测与防控等先进技术应用于渔业生产实际当中，用科技赋能宁波水产养殖产业健康持续发展。

　　想要让岱衢族大黄鱼以亲民的价格重回百姓餐桌，采捕、保活、驯化等各个环节的重重困难横在科技特派员面前。

　　2007 年开始，团队以从岱衢洋采捕的野生大黄鱼为基础群体，以生长速度和体型为目标性状，采用群体选育技术，先后突破岱衢族野生大黄鱼采捕、保活、驯化与繁育、种质鉴定、分子标记辅助育种、选育性状数字化测定与评估、雌核发育系培育等多项关键技术。岱衢族野生大黄鱼经连续 5 代选育，培育出大黄鱼"甬岱 1 号"新品种。2020 年 8 月 27 日，"甬岱 1 号"通过农业农村部水产新品种审定。

　　这项跨越十余年的研究成果不可谓不丰硕。

联合选育的大黄鱼"甬岱1号"新品种,具有体型匀称细长优美、生长速度快、产品市场售价合理等特点。在相同的养殖条件下,与未经选育的大黄鱼相比,21月龄的生长速度平均提高16.36%;与普通养殖大黄鱼相比,体高/体长、全长/尾柄长、尾柄长/尾柄高等体型参数存在显著差异,体型匀称细长,市场销售价格高20%以上。同时,明显提高的存活率、优品得率让大黄鱼"甬岱1号"备受消费者和养殖户青睐,如今已成为我国高品质大黄鱼养殖的首选品种。

"虽然宁波在大黄鱼养殖量上不到全国的1%,但一些高品质大黄鱼养殖的关键技术都在我们手里。"团队成员、宁波市海洋与渔业研究院吴雄飞研究员对团队的科研实力倍感自豪。

围绕大黄鱼产业的提质增效,团队实施了多项国家、省、市科研示范项目,建立了基于品质改良的大黄鱼围网、大型抗风浪网箱及分级分段三种高效健康养殖模式,让养殖的大黄鱼品质接近野生大黄鱼;协助研发岱衢族大黄鱼高效环保系列专用配合颗粒饲料;构建了大黄鱼病害防控及质量安全技术公共服务平台;研究和集成养殖大黄鱼病害综合防控技术等。

在创新驱动下,团队的科研成果逐一落地,科技特派员们与企业、养殖户的关系也更加紧密。几年时间里,团队在全省范围内设立了11个监测点,以大数据、物联网等技术,成功实现了大黄鱼养殖环境数据在线实时采集与分析,让万千养殖户吃下了"定心丸"——一项病害只需要几个小时就能确诊,选药的准确率超过90%。在科技力量的推动下,这一技术已为宁波水产养殖业减少了病害损失近4亿元,新增养殖效益超7亿元,有效推动了水产养殖产业的健康发展。

与此同时,背靠国家海水鱼产业技术体系宁波综合试验站,该团队充分发挥技术和资源优势,为企业解决各类共性、个性的难点问题。例如,针对一些养殖户提出的"养殖大黄鱼尾椎骨畸形原因"等问题,团队邀请国家海水鱼产业技术体系环境应急岗位科学家陈新华教授一起开展研究,通过组织学、细胞学、分子生物学等多层面研究分析,初步确定了致畸原因,排除了种质、苗种等影响因素。

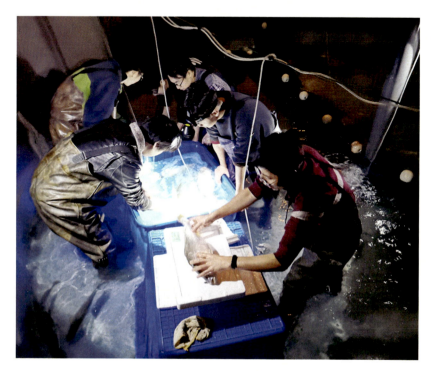

❀科技特派员正在查看岱衢族大黄鱼的长势

在丰硕的成果背后,是科技特派员们日复一日的钻研与守候。每年2月上旬,是大黄鱼催产育苗的关键期,即便此时已为春节前后,这群"渔博士"依然不会停下科研脚步,而是专心当起"鱼保姆",为种鱼增加营养,做好待产服务。

"团队中,很多人的春节都是在基地值班中度过的,看到几天后水中浮现的一粒粒白色鱼卵,想着有朝一日它们变成大黄鱼活蹦乱跳的样子,就会觉得一切付出都是值得的。"吴雄飞表示。

打造宁波水产"金名片",
让东海银鲳成为养殖新"宠儿"
——宁波大学东海银鲳养殖技术推广科技特派员团队

宁波大学东海银鲳养殖技术推广科技特派员团队,以徐善良教授为首席专家,团队成员中有高级职称3人,中级职称2人,博士4人。团队主要服务宁波市象山县、宁海县及舟山市普陀区、台州市等地的10余家水产养殖企业,为宁波市渔业转型发展和东海特色养殖鱼类开发提供有力的科技支撑和技术保障。团队主持或参与完成国家基金项目6项、浙江省重大研发项目2项、市级科研重大专项2项;参与育成大黄鱼新品种1个,制定地方标准3个;与推广项目相关的国家发明专利已授权12件、实用新型专利32件,发表与银鲳相关的研究论文62篇。近年来,团队为首批试养东海银鲳的养殖企业和养殖户提供银鲳鱼苗累计20余万尾,推广自主研发的专用银鲳饲料配方5个,带动养殖户新增养殖水体5000多立方米。

"山有鹧鸪獐,海有马鲛鲳。"东海银鲳以其刺软肉细、鲜嫩美味赢得了沿海百姓的青睐,也是宁波人对东海海鲜最美的记忆。

2018年6月,宁波大学第一批人工养殖成功的东海银鲳在泛太平洋酒店举行试尝品鉴会,在场人士纷纷赞道,"与野生银鲳味道没有两样","没有传统养殖鱼类的泥腥味"。

2020年休渔季节,在象山港湾水产苗种有限公司东海银鲳养殖基地,一池池欢快游动的银鲳鱼吸引了甬城多家海鲜批发商前来订购,虽然价格不低,但仍被抢购一空。公司负责人徐万土介绍,东海银鲳目前的瓶颈问题主要是养殖模式只能局限在工厂养殖,而且饲料成本偏高,只要克服这些难题,养殖效益将十分可观。

※科技特派员徐善良和人工养殖的银鲳

※东海银鲳

　　面对人工养殖东海银鲳的一系列难题，宁波大学东海银鲳养殖技术推广科技特派员团队迎难而上，从重构饲料配方、提高病害防控能力、探索循环水养殖等方面加快探索，持续提高人工养殖东海银鲳的成功率。

　　自2009年以来，该团队采用自行研发的特种"团状饲料"喂养东海银鲳。实践证明，该饲料能保证银鲳的生长和成熟，但仍存在容易败坏养殖水质及饲料成本偏高的问题。团队中负责饲料营养的廖凯博士从银鲳的营养需求和能量分配入手，重新调整了饲料配方，采用大豆蛋白替代部分鱼粉蛋白，同时增加了饲料的黏合度，减少了饲料的溶出，提高了饲料的利用率，饲料成本也由原来的每千克50元降至每千克15元。2020年，团队又成功证实银鲳在循序驯化的情况下能够适应浮性颗粒饲料。通过十几天的驯化，一池池原本习惯吃团状饲料的东海银鲳逐渐喜欢上了颗粒饲料。看到这一转变，在现场参观的养殖企业负责人激动地表示："只要银鲳能够像其他鱼类一样吃颗粒，我们对银鲳的养殖就更有信心了！"

❋ 科技特派员投放饵料

　　东海银鲳属于天生免疫基因萎缩比较严重的物种,因此从开始养殖银鲳起,团队就面临着银鲳"体弱多病"的难题。为了克服这个棘手的防病技术,团队中的王亚军和周素明两位博士提出了常年给银鲳"体检",做到"无病防病、有病早知道"。这几年,为银鲳养殖企业免费定期检测的样本多达几千份,守住了银鲳病害的第一道防线。

　　银鲳的摄食习性特殊,粪便也很特别。银鲳的粪便不成形,俗称"水便",会很快在水中散开,因此特别容易使水变得浑浊。长期以来,人工养殖银鲳只能采用每天100%换水的方式保持水质,过去多次尝试的循环水养殖均告失败。2020年,随着银鲳颗粒饲料的应用突破,银鲳的循环水养殖又燃起了新的希望。目前,银鲳已基本实现在循环水中连续10个月的成功养殖。得知这一喜讯,天津的几家循环水养殖企业多次联系,表示要购买银鲳苗种在天津试养,进一步拓宽东海银鲳的养殖范围。

快速精准诊断疾病，为对虾健康养殖"保驾护航"

——宁波大学南美白对虾病害
快速诊断与健康养殖科技特派员团队

　　宁波大学南美白对虾病害快速诊断和健康养殖科技特派员团队，是针对南美白对虾病害开展技术服务的团队。团队成员中，高级职称2人，中级职称2人，博士3人，硕士1人，首席专家是钱冬研究员。近年来，该团队主持和参与国家、市级科研项目10余项，授权水产病害方面的实用新型专利5件，发表论文20余篇。团队围绕南美白对虾重大疫病较多、严重危害南美白对虾健康养殖和产品质量，病害检测技术复杂性较高、对实验室依赖度高等行业瓶颈，重点开展了南美白对虾重要疾病的快速诊断技术研究和诊断技术研究，建立了南美白对虾8个重点疫病和4种常见疾病的现场快速诊断技术，有效缓解了南美白对虾苗种带病和重大疾病早期诊断这一养殖瓶颈，并对我市30多家南美白对虾养殖场开展技术服务，技术覆盖面达3万余亩，减少病害损失2000余万元。

　　"南美白对虾这个品种生长快、肉多，就是容易死亡。如果虾苗带了病，整个养殖季节就基本没有希望了。特别是带虾肠胞虫的苗，养40天后才能发现生长缓慢，养3个月后虾还达不到5克，根本没法卖，会影响整个养殖季节。"浙江正大吉鲜汇大虾场的场长张崇虎介绍道。

　　浙江正大吉鲜汇大虾场位于宁波市鄞州区瞻岐镇，是宁波市重要的南美白对虾养殖基地。2015年以来，正大吉鲜汇大虾场及周边养殖场对虾持续发生肠胞虫感染,导致南美白对虾严重减产,造成了极大的经济损失。据不完全统计,2015年以来,宁波市因肠胞虫引起的南美白对虾经济损失年均超3000万元。南美白对虾还会受到白斑综合征病毒、弧菌引起的急性肝胰腺坏死病、虹彩病毒、传染性皮下和造血组织坏死病等8种病原的威胁,病害造成的经济损失占对虾产值的10%~15%,年均在6000万元以上。

不带病原的对虾苗种是南美白对虾养殖成功的重要保证。如果虾苗携带了肠胞虫、虹彩病毒、白斑病毒和高致病弧菌,放养到池塘后,受到养殖水污染、恶劣气候、养殖密度过高等不良因素影响,就会暴发各种疾病,导致养殖虾大量死亡。以往,虾苗由苗种供应场或当地技术部门进行检测,从送苗到出检测结果,需要24~48小时,养殖户无法迅速获知病原检测结果。生产塘发生疾病,也只能根据对虾症状和养殖经验做出判断,但对虾各种疾病的相似症状使确诊极为困难。

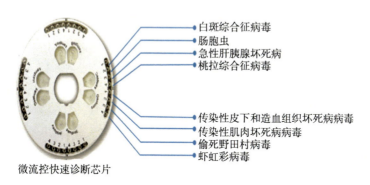

微流控快速诊断芯片

白斑综合征病毒
肠胞虫
急性肝胰腺坏死病
桃拉综合征病毒

传染性皮下和造血组织坏死病病毒
传染性肌肉坏死病病毒
偷死野田村病毒
虾虹彩病毒

※基于微流控技术的南美白对虾8通道病原快速检测芯片

宁波大学南美白对虾病害快速诊断科技特派员团队根据对虾养殖的生产需要,与宁波爱基因公司合作,开发了南美白对虾种类疾病的微流控快速诊断技术。诊断中加入的荧光显色和金纳米颗粒,保证了扩增反应的热启动,避免了非特异性反应,保证了检测的效率和准确率。团队研制的 32 通道的微流控快速诊断芯片,可同时实现 8 种病原、32 通道的独立检测反应,适合基层养殖场现场开展虾苗检测。操作人员只需加入样品,即可自动开展 4 个样品 8 种病原的同时检测,具有检测速度快、操作简单等优势。

2019—2020 年,团队研发的诊断技术先后在宁波市各主要南美白对虾养殖场试验应用,共对 100 余批对虾苗种进行了检测,共发现急性肝胰腺坏死病弧菌 11 批、传染性皮下和造血组织坏死病毒 8 批、肠胞虫 14 批、虹彩病毒 5 批,避免了疾病暴发带来的损失。同时,团队还采用弧菌专用检测芯片对养殖池水体弧菌进行检测,加强对虾白斑病毒、虹彩病毒等重要病原的检测。团队通过对有问题的池塘加强养殖用进水的沉淀和消毒、池塘添加有益微生物、在饲料中添加免疫增强剂等防控措施,有效避免了弧菌、虹彩和白斑等重点疫病的暴发和流行,有效保证了对虾的安全养殖。

※ 科研人员对养殖南美白对虾开展病原检测和技术服务

微流控快速诊断芯片,是针对养殖现场设计的快速检测产品,对检测实验室无特别要求。从样品采集、核酸提取到微流控结果的完成,只需要 1 小时 20 分钟。如果养殖户想通过量虾的病原含量测定来判断疾病的严重程度,也仅需要 1 小时 40 分钟就可以完成。

团队还对嘉兴市、杭州市、绍兴市、舟山市、台州市等地养殖的南美白对虾开展病原检测和技术服务,2017 年以来共检测样品近千份,对保证各地南美白对虾的健康养殖水平、提高对虾产品的安全性和品质,起到了重要作用。

对虾安全是健康养殖的基本保障。团队通过微流控快速诊断技术检测对虾主要病原,把原本需要数百万元的实验室检测技术平民化,成为大型养殖场和简易的现场实验室均可实现的检测技术,有力保证了对虾养殖全程的安全。团队还根据对虾常见疾病,把基于病原检测基础上的防病技术简化,提出了苗种控制、养殖过程水质调控、藻类定向培育投放、有益微生物改善水环境、防病免疫增强剂等通用技术,防病所用的制剂和产品均可从相关产品中选择,而且相关药物和制剂均不含抗生素等禁用药物,符合对虾绿色安全养殖的要求。检测技术使防病精准、及时,也降低了药物的开支。

对虾疾病的快速精准诊断,为对虾疾病的预防和精准控制提供了科学利器。团队通过对对虾病的长期跟踪和研究,经 10 年精心磨砺,为宁波市和周边地区,打造了对虾健康养殖"保驾护航"的科学利剑。

拯救海洋乌贼资源，拓宽乡村致富门路

——宁波大学虎斑乌贼养殖技术服务科技特派员团队

宁波大学虎斑乌贼养殖技术服务科技特派员团队共有成员4人，其中正高职称1人，副高职称1人，中级职称2人，博士3人，首席专家是蒋霞敏教授。近年来，团队主持和参与完成国家、省、市级项目11项。团队长期从事乌贼养殖技术的研究，在乌贼养殖方面申请与授权专利25项，其中发明专利16项，发表论文100余篇，出版《虎斑乌贼的生物学及养殖技术》专著1部，制定省、市地方标准2项。团队获省、市级成果类奖6项，指导学生获国家"挑战杯"一等奖2项、国家"互联网+"金奖1项。

乌贼是中国四大海产之一，全身是宝，是百姓餐桌上的美味佳肴。但自20世纪80年代开始，乌贼数量锐减，面临岌岌可危的局面。

2003年起，宁波大学蒋霞敏教授带领团队首先攻克了曼氏无针乌贼的人工育苗与养殖，帮助和指导象山县来发水产育苗场等企业进行人工育苗和放流，在象山、舟山海域累计放流曼氏无针乌贼幼体300余万只、受精卵1亿多粒，增殖效果立竿见影，曼氏无针乌贼资源迅速恢复。2020年，曼氏无针乌贼已成渔汛，一艘涨网船在舟山海域每天可捕50余千克（约300只），广大渔民取得了丰硕的成果。目前，曼氏无针乌贼已成为浙江省主导放流品种之一。

然而，因曼氏无针乌贼养殖出现性早熟、个体小等不足，经济效益不尽如人意，极大影响了养殖户的积极性。

　　虎斑乌贼具有个体大、生长快的优点，且可在禁渔期上市，是一种极具养殖前景的品种。于是，团队逐渐把目光瞄准了这种大个体乌贼野生个体达5千克以上。然而，虎斑乌贼在东海已无影无踪，若要人工育苗，就必须从南海引种，而乌贼又有喷墨习性，性成熟个体很难运输养活。

※ 虎斑乌贼

　　针对这一难题，团队成员深入福建、广东、海南等地，下渔场、住渔棚，年复一年，终于摸清了虎斑乌贼的繁殖生物学特性，解决了雌雄虎斑乌贼辨别、喷墨习性、运输养活等问题。自2012年起，在宁波市重大科技计划项目滚动支持下,团队先后开展了虎斑乌贼的繁殖生物学、规模化人工育苗、高效养殖模式、养成配合饲料、病害防治等方面研究,率先在国内突破了规模化人工繁育和健康养殖技术,繁育出平均胴长 2 厘米以上的乌贼苗种 120 余万只。同时,团队又进行不同养殖模式的探索,在水泥池、土池和网箱养殖中均获成功,养殖 3~4 个月即达商品规格(约

※ 虎斑乌贼育种科研团队

500 克),特别是解决了虎斑乌贼养殖的关键技术,突破了大规格苗种培养技术,使乌贼养成成活率不断提高,水泥池养殖成活率可达65%,网箱成活率可达70%左右,养殖10个月最大个体可达2.4千克。2014—2019年,累计养成虎斑乌贼11万余只,建立了规模化繁育示范基地和养殖示范基地,创造了国内虎斑乌贼人工养殖数量最多、单体最大的历史纪录,在世界上首次实现该物种的规模化苗种繁育与养殖。这标志着宁波市人工养殖虎斑乌贼取得新突破,为开展乌贼大规模养殖奠定了基础。

团队成果获得我国水产繁育生物领域首席专家桂建芳院士的高度评价,并得到主流媒体的跟踪报道。

※ 虎斑乌贼种苗选育

❀养殖中的虎斑乌贼

　　虎斑乌贼育苗与养殖技术已打通科研成果转化的"最后一公里",目前已在浙江、江苏、福建等地推广,养殖成活率可达70%以上,养殖3~4个月就可上市,且可活体供应上市,价格不菲,丰富了禁渔期的海鲜市场,给广大养殖户拓宽了致富门路。2020年,浙江、福建、江苏等地对苗种的需求量日益攀升。为解决供需矛盾,下一步,团队将进一步开展虎斑乌贼全人工规模化育种,集聚国内科技资源共同攻关,建立虎斑乌贼规模化育种基地,实行虎斑乌贼全人工育苗,确保宁波市乌贼苗种的稳定供应,让更多虎斑乌贼"游"上百姓餐桌,将虎斑乌贼打造成宁波市的又一张"金名片"。

将甜味种进农户心里

——宁波市农业科学研究院西甜瓜科技特派员团队

宁波市农业科学研究院西甜瓜特派员团队成员共8人,其中高级职称6人、硕士学历以上7人,由宁波市农业科学研究院王毓洪研究员担任首席专家。团队成员由西甜瓜育种、栽培技术和推广方面专家组成,科研和推广能力强。团队重点在宁海县、象山县、慈溪市和鄞州区等西甜瓜主产区开展全链条服务,为鄞州区景秀园果蔬专业合作社、鄞州区老蔡瓜果合作社、宁海县静涛果蔬专业合作社和象山县秋红果蔬专业合作社4家西甜瓜合作社提供技术服务。团队围绕西甜瓜抗病、高品质、轻简化品种缺乏,病虫害及土壤连作障碍日趋严重等突出问题,开展新品种引育和优质高效栽培技术研究。团队累计获得国家植物品种权7个,通过农业农村部新品种审定14个,年派出400人次开展技术指导,举办培训班15场,培训农户、技术工人约1000人次。团队的服务,有效解决了宁波市西甜瓜生产突出的产业和技术问题,明显提升了西甜瓜种植技术水平,促进了产业健康发展,有力保障了西甜瓜市场的需求。

❋ 西甜瓜育种团队

走进鄞州区姜山镇景秀园合作社,大棚里一只只长势饱满的甜瓜映入眼帘。100多亩"甬甜5号"喜获丰收,销售额突破200万元。

谁能想到在几年前,合作社负责人楼秀峰还在为合作社的发展和出路而苦恼。

原来,随着农业生产资料和用工成本越来越高,甜瓜生产的比较效益减小,合作社急需寻找新的出路。尤其是在特殊时期,早春甜瓜生产面临无人可用的艰难处境。

宁波市农业科学研究院西甜瓜科技特派员团队得知合作社的困难后,第一时间派出特派员技术小分队,先后8次赶往合作社进行田间指导,手把手地培训新入职员工,带头帮助育苗和移栽,指导应用蜜蜂授粉技术等,帮助企业度过特殊时期的用工荒。同时,团队积极帮助引进高端甜瓜青果商,生产出的高品质甜瓜全部以15元每千克的批发价销往宁波市本地的高端果品店。从此,合作社真正步入了优质优价、节本省工的良性发展轨道,也为周边西甜瓜种植户树立了一个可持续发展的甜瓜高品质、简约化的栽培典型,吸引了48名镇海区农户前来参观学习。

"在特派员们手把手的指导下,我掌握了很多种瓜的新技术,产出的甜瓜外形好、口感脆,获得'浙江省西甜瓜金奖''浙江省精品西甜瓜优质奖'等荣誉,还得到了中国工程院院士吴明珠的点赞。"楼秀峰说,目前景秀园合作社良种良法覆盖率已达100%,良好的种植管理模式吸引了许多慕名而来的游客,实现了农旅结合转型升级。

这一经验还辐射了象山秋红果蔬专业合作社、宁海县静涛果蔬专业合作社、鄞州区老蔡瓜果合作社这3家基地。这3家合作社采用"合作社+科研院所+农户"的模式,利用科研院所在品种和技术方面的强大实力,参与申报了一系列科技项目,以科技项目实施为突破口,提升基地标准化管理水平,甜瓜产品质量得到明显提升。其中,宁海县静涛果蔬专业合作社选送的"静涛"牌甜瓜,不仅获得了2020年浙江省精品甜瓜评选金奖,还获得了江苏、福建等地客商的青睐,产品供不应求。另外,2020年团队的"兰芯"小西瓜和"银蜜113"甜瓜也获得了浙江省十佳品种。

这只是西甜瓜科技特派员团队帮扶农户的一个缩影。

团队自成立以来,采取"创特色、建品牌、引领区域"的服务策略,不断推动宁波市西甜瓜产业提质增效。

为提升产业技术水平,仅2020年,团队就相继派出396人次赴服务单位开展技术指导,举办培训班15场,培训技术工人23人,培训农户974人次,有效提升了宁波市西甜瓜生产基地和育苗企业的技术水平。

❋专家指导西甜瓜苗种培育

　　"我们还成功推广了'甬甜5号''甬蜜6号'等新品种16个,示范1350亩,亩增效约500元,提高经济效益约70万元,辐射带动周边农户种植5000多亩。"宁波市农业科学研究院王毓洪研究员说。

　　产业技术水平的提升带动了宁波市整个甜瓜产业的转型升级。其中受益最大的要数象山县泗洲头镇里坑村。该团队结合全国"一村一品"甜瓜特色示范村建设契机,以象山秋红果蔬专业合作社为龙头,带动里坑村甜瓜产业持续升级。

　　王毓洪表示,为改变当地"东方蜜1号"品种抗病抗逆性差、产品质量难以提高的问题,团队帮助其引进体系内11个薄皮和厚皮甜瓜新品种开展品比试验,筛选了符合其种植和销售模式的3个新品种,即"丰登蜜1号""丰蜜29号""丰登蜜25号"。2021年在该基地示范105亩,品种替代率达到30%以上。

　　同时,团队全方位开展技术指导。2020年,西甜瓜科技特派员团队分批次走访和指导合作社12次,帮助象山秋红果蔬专业合作社创建"灵山仙子"甜瓜品牌,建立网络直播销售模式。合作社甜瓜销售量逆市上扬,果品远销浙江、江西等地,净收益比2019年增加10%以上。

　　团队还在技术扶贫方面发挥了重要作用。在距离新疆维吾尔自治区阿克苏地区库车市中心21公里的齐满镇白杨村,田间人家农民专业合作社负责人杨春艳正在自家瓜田里给"甬甜5号"甜瓜整枝打杈。她说:"一根藤一个瓜,才能保证营养好、质地佳。"为达到这一效果,她需要抓住生长关键期,将多余的叶子、藤蔓掰掉。4年前,国家西甜瓜产业技术体系宁波市综合试验站科技人员给她送来"甬甜5号"的种子,请她试种。试种后她说:"口感很好,是一种脆甜瓜,跟本地瓜的口感不一样;相比本地瓜来说,这种瓜瓜形好,一个两三斤重,正适合一家三口吃。"杨春艳迅速被新瓜的口感征服,并看中了该品种的市场前景。次年,她开始大规模种植"甬甜5号",渐成当地大户。2019年,杨春艳所在的合作社有34个大棚,其中20个种了"甬甜5号"。杨春艳说,年前12月开始育苗,一年可以种两茬,亩产2吨左右;2019年,每个大棚的产值都在2万元以上。

　　因此,在库车市,"甬甜5号"也被当地瓜农亲切地称为"民族团结瓜"。"甬甜5号"在新疆的种植面积累计已达3000亩以上,给当地瓜农带来3000元以上的亩均纯收入,远高于棉花等传统作物。

　　下一步,西甜瓜科技特派员团队将继续以"创特色、建品牌、引领区域"为服务策略,引进优良的西甜瓜品种,通过品比及区域试验,筛选适宜基地栽培的多类型、高品质、适应性强的西甜瓜新品种;开展土壤处理和嫁接技术示范推广工作,解决西甜瓜栽培中的瓶颈问题——土壤连作障碍;继续开展西甜瓜轻简化栽培技术示范应用,如轻整枝、蜜蜂授粉、水肥一体化等技术;监测服务区域内的西甜瓜病虫害发生规律,提取病株、分析病情并提出针对性推广防治技术;针对技术需求,开展西甜瓜及嫁接技术培训等。

❖"一砧双穗"结出的西瓜和甜瓜

把饭碗牢牢端在自己手中

——宁波市农业科学研究院
旱粮与优质稻米栽培科技特派员团队

宁波市农业科学研究院旱粮与优质稻米栽培科技特派员团队，依托宁波市生物工程重点实验室，拥有一套完整的组培快繁设施和一支精干的技术队伍，具备年产上百万试管苗的生产能力。团队开展过多项水稻优质稻米分子育种，甘薯、马铃薯新品种引进筛选脱毒和推广研究课题，在象山、奉化、宁海等区县有关基地建立了优质稻米和旱粮的试验、示范和推广网络。团队现有研究人员7人，主持或参与完成各类研究课题40余项，累计已生产组织培养苗500余万株。近年来，团队与国际马铃薯中心、中国农业科学院国家马铃薯中心、青海省农林科学院中国高原马铃薯中心、澳大利亚科学院、浙江省农业科学院等建立了密切的合作关系，从国内外积极引进中薯系列、紫马铃薯等特色系列和美国肯德基原产地马铃薯新品种，筛选出多个品种，已在宁波市和周边地区推广种植。

"又可以过个好年了！"又到了地产土豆的销售季节，宁海县胡陈乡种植户车伟兵望着地里一垄一垄的土豆，笑得十分欣慰："宁波市农业科学研究院选育的新品种一年可以种三茬，尤其冬季上市时供不应求，每千克能卖到20元至24元，三茬总收入可以超过1万元。"

然而前几年，宁海"小黄皮"土豆的退化一直是困扰宁波种薯农民的大难题。

※"宁波1号"土豆种植基地

宁海县胡陈乡以盛产土豆出名,当地的"小黄皮"土豆尽管个头不大,但香气四溢、口感粉糯、入口即化,是宁波人特别喜欢的地产蔬菜。但"小黄皮"土豆多年来一直受到品种退化的困扰。由于生产中的种薯70%以上为自留种,多代繁种之后,病害不断积累,产量逐年下降,许多土豆种植户不得不改种其他作物。

"来自山东、甘肃等地的外地土豆,个头大、肉质硬,适合切丝切块,而我们本地人吃土豆主要以鲜食为主,对品种质量要求高。"宁海七彩农业有限公司负责人表示。近年来,受品种退化影响,宁波地产土豆种植面积缩至7万亩,仅能满足不到40%的市场需求。

为了让百姓吃上"老味道"土豆,宁波市科技局于2014年启动实施科技计划项目"马铃薯新品种选育及高效栽培技术示范推广",针对薯类品种退化等问题开展专项研究。在宁波市农业科学研究院旱粮与优质稻米栽培科技特派员团队成员、高级农艺师王芳的带领下，团队历时5年，从7000多份实生苗中筛选出口感、品质类似"小黄皮"的马铃薯优株，命名为"宁波1号"，并通过茎尖脱毒技术培养出无病毒马铃薯植株，一举攻克了品种退化难题。

随着新品种和新技术的普及，尝到甜头的胡陈乡种植户又"重操旧业"种起了土豆。2019年，"宁波1号"脱毒种薯在宁海县胡陈乡、象山县泗洲头镇等地的合作示范基地推广种植，亩产量高达1750千克，比原先"小黄皮"品种增产三成以上。目前，全市脱毒马铃薯种植面积约3万亩，亩均增收近700元。

※科技特派员查看土豆长势

※科技特派员深入田间地头指导农户

　　"彩色土豆有的口味脆爽适合拌蔬菜色拉,有的营养丰富,花青素含量非常高。为满足宁波市场对'小黄皮'口味的需要,让更多人品尝到各种口味的彩色土豆,我们还从上千份的株系中选育,然后逐步扩大种植。如今,除了'小黄皮'口味的土豆,市民还可以尝到粉红色、紫色、深紫色的彩色土豆。"王芳说。

　　除了土豆,团队在优质水稻新品种生产应用上也取得明显进展。

　　宁波市农业科学研究院生物技术研究所所长严成其介绍,日本优质米"越光"品种在市场上要卖到50元左右每500克。有不少种植户引进日本优质米"越光"品种在浙江省试种,结果除产量表现很低外,食味也不理想。其原因除品种不太适应外,与栽培因素也密切相关。

　　为此,团队创制了与日本优质米"越光"品种相仿的"雪珍"和"润香"系列优质米新品种。在优质米生产过程中,通过不断探索,目前已建立了外观品质和食味品质的保优关键栽培技术，通过控制氮肥施用量，适施镁肥，适时收获及控制收获后稻谷的含水量，确保了稻米的低蛋白质含量和食味。

团队成员介绍，"雪珍"和"润香"系列优质米新品种6月下旬播种，9月上旬齐穗，10月下旬成熟，在浙江省特别适合作为双季稻栽培。

奔走于田间地头的农业科技人员就像春雨一样，让甬城大地孕育出新的生机。在团队专家的指导下，浙江省青田县侨乡农业发展有限公司依托该县稻鱼共生系统被联合国粮农组织命名为"全球重要农业文化遗产"的区域优势，与2018年联合国世界地理信息大会建立主要合作伙伴关系，稻鱼米品牌"青田青"成为其合作品牌，稻鱼共生系统生产的润香生态米为大会指定餐用大米，受到广泛好评。长兴和平银丰农机服务专业合作社生产的"银耕"牌"润香5号"大米，获浙江省农业农村厅主办的"2019浙江好稻米"评比活动优质奖。

"这些品种抗稻瘟病和白叶枯病能力强，可降低农药使用成本，降低稻谷中农药残留量，减少对水土的污染，对提高浙江晚粳稻综合性状的选育水平，特别是对改良蒸煮品质起到积极的推动作用。疣粒和药用野生稻抗性基因资源的挖掘和利用，还促进了作物远源杂交和遗传转化技术的发展，为抗病育种提供了新的抗源和分子标记。优质稻米订单的增加，带动了周围生产者种粮的积极性，具有较好的社会示范效应，对促进乡村振兴具有重要意义。"严成其表示。

团队还帮助宁海等地的专业合作社和企业开发"雪珍""润香"系列等优质米，创造了不少大米品牌。例如，宁海县原耕水稻专业合作社利用土壤富硒优势，开发的"原耕"牌"禾雪珍"特色富硒农产品，杭州农奥农产品有限公司开发的"科奥"无公害"禾珍"优质大米，海盐县利用"禾珍"创建的"友邦""稻鳅御品"大米,安徽省芜湖市农业农村局组织企业开发的"润香"大米等,均获得较好效益。

下一步,团队将加强新品种推广力度,加快新品种宣传,为宁波市旱粮与优质稻米推广做出积极贡献。

十年下沉一线，用汗水浇灌瓜菜新品种

——宁波市农业科学研究院瓜菜育苗科技特派员团队

宁波市农业科学研究院瓜菜育苗科技特派员团队，由宁波市农业科学研究院蔬菜所瓜菜育种、栽培技术研究和推广方面的专家组成，对鄞州区、慈溪市、余姚市、海曙区和宁海县的育苗企业、育苗合作社、育苗场进行技术服务，开展了瓜菜新品种引进、育苗技术研究及示范推广等工作。团队成员共5人，均具有硕士以上学历，其中副高职称3人，科研能力较强。团队指定专人与每家服务单位进行对接，全天候开展服务，深入田间地头，有效解决瓜菜育苗方面突出的产业问题和技术问题，有力提升了宁波市瓜菜育苗技术水平，有力保障了瓜菜生产。

俗话说，种瓜得瓜，种豆得豆。但一株瓜藤上，可以同时结出西瓜和甜瓜，你信吗？

这不是天方夜谭。在宁波市高新农业技术实验园里，利用"一砧双穗"嫁接术栽培的同一植株上，就挂满西瓜和甜瓜。

宁波市农业科学研究院蔬菜研究所副所长应泉盛揭开了其中的秘密。原来，这一植株名为"思壮8号"，它是利用南瓜作为主根，分别嫁接了西瓜和甜瓜的幼苗，经过实验棚内科学培育，才创造了"一砧双穗"的奇迹。这是砧木嫁接技术的一项重大突破，经过砧木嫁接的西瓜和甜瓜，均保持了各自固有的口味，在生长过程中却有高度的同步性。

※"一砧双穗"嫁接术同时结出西瓜和甜瓜

应泉盛是宁波市农业科学研究院瓜菜育苗科技特派员团队的首席专家。近年来,团队持续推进新品种的研发、推广、应用工作,当好育苗企业的重要"参谋"。

开展服务工作以来,团队先后与慈溪海通时代农业有限公司、宁海金龙浦合作社、慈溪市坎墩玉兰果蔬农场、慈溪市德清种子种苗有限公司、余姚康绿合作社和海曙洞桥嫁接西瓜苗场6个技术接收单位合作,并将合作单位列为团队研发基地和成果示范基地,基地总面积达2800亩,大棚和玻璃温室等设施面积达 192 亩,其中育苗的大棚、智能玻璃温室面积为 35 亩。

"光是 2020 年,我们就根据技术接收单位种植情况和土壤气候条件,示范推广瓜菜品种 9 个,试验示范 950 亩,重点推广了'思壮 7 号'和'绿壮士'瓜类砧木品种,'甬甜 5 号''丰登蜜 25 号''丰登蜜 1 号'甜瓜品种,'甬蜜 3 号''甬蜜 6 号''甬蜜 7 号'中果型西瓜品种,'甬榨 5 号'榨菜品种,'甬青 8 号'青菜品种。"应泉盛兴奋地说,通过新品种的引进和示范,团队推动了品种升级,让基地每亩增产增效 500 元左右,提高经济效益 24 万元左右。

❖嫁接术示范推广种植

团队还承担了促进新技术推广应用、推动产业升级的重任。2020 年,团队示范推广了工厂化西瓜嫁接育苗技术规程、夏季西瓜嫁接育苗技术,番茄、甘蓝、花椰菜的育苗技术,示范嫁接瓜类 LED 补光技术、电热毯均衡加热技术和潮汐排灌技术。据统计,通过应用相关技术,嫁接瓜类成活率提高到90%以上,嫁接出苗率提高85%以上,嫁接苗出苗时间提前3天,给育苗企业带来了技术革新,推动了产业升级。宁波市农业科学研究院优质高效工厂化瓜菜育苗团队主要技术接受单位的瓜类年育苗量达到100万株以上,叶菜类年育苗量在1亿株以上,通过团队育苗技术输入升级,每年提高效益20万元以上。同时,科技特派员们始终坚持把科技成果转化推广放在突出位置,举办新品种、新技术培训班2场次,培训技术工人23人次,培训农民55人次,进行田间技术指导23人次,接受上门、电话、网络等咨询210多人次,还培育了一大批农民科技人才,并通过他们将学到的先进适用技术不断传播,有力促进了良种良法的推广应用。

十年下沉一线,团队把"论文"写在了大地上。2020年12月9日,宁波市农业科学研究院承担的宁波市农业重大专项"主要瓜类设施轻简化栽培技术集成研究与应用"顺利通过验收。该项目由宁波市农业科学研究院瓜菜育苗科技特派员团队组织开展,引进筛选了适宜轻简化栽培的西瓜、甜瓜、黄瓜等瓜类砧木新品种4个、设施专用耐高温授粉蜜蜂品种1个、设施专用小型农机具2套、一体化灌溉施肥系统1套及配套水溶性肥料2个,总结设施瓜类轻简化育苗技术、植株株型调整技术等栽培技术5项,网架小西瓜—草莓套种轻简化模式等栽培模式3项,集成主要瓜类设施轻简化栽培技术规程1套。项目新品种、新技术、新设备和新模式累计推广6.16万亩,为瓜农节本增效1573.57万元,取得了显著的效益。

下一步,团队将与技术接收单位深度合作,继续引进、选育优质抗病瓜菜及嫁接砧木新品种,筛选适合宁波地区推广种植的新品种,开展瓜菜(嫁接)育苗技术研究,引进适合育苗的小型农用机械和补光设备,制订主要瓜菜工厂化(嫁接)育苗技术规程,进行大面积示范推广,通过技术培训和技术服务提升育苗企业和工人的技术水平。

十年攻坚，只为这抹绿

——宁波市农业科学研究院叶菜类蔬菜科技特派员团队

宁波市农业科学研究院叶菜类蔬菜科技特派员团队共有5名成员，其中高级职称4人，中级职称1人，博士1人，硕士3人，首席专家是黄芸萍。团队中3人被评为"浙江省优秀科技特派员""宁波市优秀科技特派员"，2人入选宁波市领军和拔尖人才培养工程。团队主持和参加国家和市级科研项目共7项，其中市级重大项目5项，育成白菜新品种5个，制定地方标准1个，授权国家发明专利3件、实用新型专利6件，发表论文61篇，获各级成果奖励5项。其中，宁波市科技进步二等奖、浙江省农业农村厅技术进步奖一等奖、浙江省农业农村厅技术进步奖二等奖、浙江省农业丰收奖三等奖、宁波市农业实用技术推广奖三等奖各1项。团队服务宁波市30多家菜篮子基地，为宁波市叶菜类蔬菜生产提供科技支撑和保障。近年来，团队推广自主选育叶菜类蔬菜新品种20余万亩，带动农户增收6000余万元。

"这个新品种蔬菜口感嫩，筋很少，一炒就熟，味道很像小时候吃的青菜，回头客非常多。"在镇海区九龙湖镇西河村的科奥农业科技园基地，这种蔬菜已经成了基地的"香饽饽"。据基地负责人李长申介绍，"科奥"引种的正是优质青菜新品种"甬青8号"，每亩每季收入稳定在4000元以上，效益十分可观。

※科技特派员查看青菜新品种的生长情况

　　"甬青8号"是由宁波市农业科学研究院高级农艺师任锡亮主持育成的青菜新品种。据任锡亮介绍,浙江地区的老百姓对青菜品质要求很高,一些带渣、带筋、味苦的外来品种在本地不受欢迎,但本地传统品种在抗病性上存在短板,生产成本较高,已逐渐被市场淘汰。

　　针对这一情况,任锡亮带领团队奔波于山东、甘肃等地,一年四季不间断地开展青菜育种研究,历时12年,终于在2019年,从数万份育种材料中筛选出了兼顾产量、抗性的优质青菜新品种。目前,该品种已推广2.6万亩次。其中,镇海区飞洪农场种植的"甬青8号"亩产量较原品种增加750千克,价格比一般小青菜每千克高出0.6元,1亩综合效益可增加450元。

※ 青菜育种基地

种子是农业的芯片。研发和推广"甬青8号"高品质白菜，只是叶菜类蔬菜科技特派员团队打造的创新"引擎"，鼓起农民"钱袋"的缩影。2020年，该团队已引进南浔绣花锦白菜等白菜品种11个，自主选育并申请白菜植物新品种权2个。其中，"甬青805"获得植物新品种权授权，推广"甬青8号""甬青805"等自主选育的高品质青梗白菜新品种2万余亩。

"我们还与浙江大学合作，通过EMS（甲基磺酸乙酯）处理，创制52份白菜突变体材料，并转育白菜雄性不育材料54份，配制新组合102个，为后期新品种的研发打下了基础。"宁波市农业科学研究院蔬菜所所长黄芸萍说。

在育优种的基础上，团队与宁波市农业技术推广总站等单位联合开展"甬青8号"白菜田除草试验、有机液肥试验、夏季白菜耐高温试验和北繁加代试验，为新品种"量身定制"高效栽培技术。

团队还以项目为载体,通过产学研结合解决生产难题,与大学、企业等合作新申报"耐高温叶菜绿色生产关键技术研究与示范"等科技项目3项,合作实施"加工型白菜周年栽培技术研究与应用""主要叶菜周年栽培及轻简化技术集成与示范"等项目2项,带动新品种、新技术在宁波市叶菜类蔬菜生产的龙头企业进行转化落地。

为把科研成果落到实处,2020年,团队科技特派员分赴宁波市镇海区飞洪生态农业发展有限公司、科奥农业科技有限公司、庄市街道繁荣瓜果蔬菜试验示范场,调研和指导叶菜类蔬菜生产;联系和服务市级菜篮子基地30多家,实地指导200余人次,接待农民上门和电话咨询等100余人次,累计开展技术培训5场,培训菜农269人次;参加宁波市政协组织的到宁海县茶院乡"六送下乡"活动,分发蔬菜种子和技术资料1500余份,不断扩大科技服务的广度和深度。

下一步,宁波市农业科学研究院叶菜类蔬菜科技特派员团队将继续选育满足不同需求的白菜新品种,探索叶菜类蔬菜周年栽培及轻简化技术,建立叶菜类蔬菜轻简化栽培示范基地,并通过建立稳定的叶菜类蔬菜制繁种基地,加强制种技术和种子破除休眠技术研究,提高种子产量和质量,确保宁波市优质叶菜类蔬菜良种的稳定供应。

科技赋能农业，培养菜农的"致富菜"

——宁波市农业科学研究院芥菜类蔬菜科技特派员团队

宁波市农业科学研究院芥菜类蔬菜科技特派员团队，以榨菜、雪菜、高菜、包心芥四类芥菜为主开展工作，服务对象是余姚市、鄞州区的5家企业——余姚市朝阳榨菜厂、余姚市黄潭蔬菜产销专业合作社、鄞州区三丰可味有限公司、宁波市新紫云堂水产食品有限公司、宁波市鄞州区农和蔬菜专业合作社。团队组建以来，"甬榨""甬雪""甬包芥"等芥菜类蔬菜多次创造"浙江农业之最"纪录，亩产量纷纷突破1万斤大关，推动浙江省芥菜类蔬菜亩产量达到新高度。

"今年包心芥收成很好，我们每天都要收割2000多斤，毛收入超过1000元。"深秋暖阳普照大地，泗门镇楝树下村村民魏安桥夫妇利索地收割包心芥，脸上的笑容掩盖不住。

正值泗门镇包心芥的丰收季，走进谢家路、夹塘、楝树下等村的成片田野，目之所及都是辛勤劳作的农民。他们用刀割断包心芥的根后，对包心芥进行一番整理，随后装入编织袋，装满七八只编织袋时，就驾驶电动三轮车把包心芥运到附近的收购点出售。

※科技特派员展示包心芥长势

"包心芥在8月底9月初种下,这个季节天气较为适宜,长势喜人。"黄潭蔬菜产销专业合作社社长魏其炎介绍,"只要加入合作社,我们就无偿提供种子,免费培训技术,最后丰收时以保护价收购,农民全程无忧。"

合作社主要种植的,正是宁波市农业科学研究院芥菜类蔬菜科技特派员团队研发推广的王牌品种——"甬包芥2号"。

据宁波市农业科学研究院高级农艺师孟秋峰介绍,2020年,宁波市农业科学研究院芥菜类蔬菜科技特派员团队,专门指导余姚市黄潭蔬菜产销专业合作社实施余姚市榨菜产业振兴计划。该合作社作为榨菜新品种试种基地,示范展示了"甬榨4号""甬榨5号"200亩。同时,双方合作开展宁波市农技推广项目"优质结球芥新品种'甬包芥2号'绿色高效栽培技术集成及示范推广",示范包心芥新品种"甬包芥2号"500亩,带动周边基地种植包心芥新品种5000亩。

"甬包芥2号"高产攻关也取得了突破性进展。2020年11月14日，"浙江农业之最"委员会办公室组织专家，对余姚市泗门镇夹塘村黄潭蔬菜合作社开展包心芥菜测产验收。经专家组和公证人员现场确认，该合作社种植的包心芥菜品种"甬包芥2号"以7293.03千克的亩产、4.6千克的单个重量，创下包心芥菜"浙江农业之最"新纪录。"甬包芥2号"成为浙江省内首个亩产突破7000千克大关的高产品种。

除了包心芥，榨菜和雪菜也是团队的重点研发领域。

2020年，团队联合宁波市鄞州三丰可味食品有限公司，合作开展宁波市现代种业科技创新专项"榨菜和雪菜雄性不育系创制及系列良种选育与产业化示范"和宁波市农业重大专项"雪菜新品种选育及生产关键技术研究"，指导企业进行废弃包心芥外叶和榨菜嫩叶适宜加工技术研究，开发新产品3个。

"我们还以废弃包心芥外叶和榨菜嫩叶为原料，研究了干制、腌制、泡制等加工技术对产品品质的影响，探讨废弃包心芥外叶和榨菜嫩叶适宜的加工方法。实验结果表明，废弃包心芥外叶适宜加工成泡菜、霉干菜产品，榨菜嫩叶适宜加工成霉干菜和老坛酸菜等产品。另外，我们在鄞州区示范推广了'甬雪5号''甬雪8号''甬雪9号'雪菜新品种3个。"孟秋峰说。

"授人以鱼不如授人以渔"。为了让"致富菜"真正带着农户们致富，2020年，团队采取良种栽培与应用推广相结合的技术思路，通过开展科技指导、科技咨询、科技讲座、送科技下乡、专项农业技术培训，以及建立示范基地、召开新品种展示现场会等一系列行之有效的活动，大力推进良种良法的应用推广，先后举办了新品种新技术培训班8场次，受训人员300余人，分发技术资料300余份，以点带面，有力地促进了榨菜、雪菜、包心芥等芥菜类蔬菜新品种新技术的推广，推广应用面积14万亩次。

❖"甬包芥2号"种植基地

下一步,团队计划针对榨菜、雪菜病害发生日趋严重、产量和品质降低等制约加工产业持续发展的瓶颈问题,开展新品种、新技术推广,为产业健康发展、农业增效和农民增收做出应有的贡献。一方面,在榨菜和雪菜重点产区开展主要病害调研,开展防效试验,重点解决日益严重的病害问题,解决原料质量不稳的难题;另一方面,针对当前化肥使用过多造成耕地日益盐渍化、连作障碍突出的问题,开展减肥试验。同时,在当前耕地面积逐渐缩小,农资、劳动力等农业生产成本逐步提高的形势下,逐步推广和应用适合机械化采收的新品种,提高单位面积产量,改良加工品质,满足企业的生产和加工需求。

从目前情况来看,团队服务收效显著。团队还将改进团队服务机制,在榨菜、雪菜等芥菜类蔬菜特定生长季节或者加工旺季,组成种子、植保、土壤、加工等各个专业专家的联合特派员服务团,开展综合服务,提升科技特派员团队的服务成效。

苗种繁育"黑科技"助推甲鱼养殖新突破

——浙江万里学院中华鳖育种与改良特派员团队

浙江万里学院中华鳖育种与改良科技特派员团队，在钱国英教授等带领下，驻点余姚市，开展中华鳖雄性苗种培育的产业化技术研究与示范工作。团队针对当前中华鳖养殖产业良种繁育技术滞后、优质营养素积累下降、集约式养殖病害频发及养殖品质亟待提升等关键问题，系统研究并提出建立中华鳖雄性诱导技术、百亩大水面鳖虾鱼混养模式等，逐步提高生态中华鳖品质、提升中华鳖品牌的产业水平，为中华鳖的生态健康可持续发展打下扎实的基础，致力将余姚市打造成为全国生态甲鱼养殖名牌示范基地。

※科技特派员团队研究中华鳖的育种技术

　　功夫不负有心人,经过浙江万里学院中华鳖育种与改良科技特派员团队不间断的努力,开发了中华鳖全程无介质裸孵技术,为规模化中华鳖养殖场提供一种能够自动化孵化,且孵化率高的胚胎孵化技术与装置。与传统孵化技术及装置相比,其具有环保、省时省工省力、孵化率高、成活率高等优点,大大提高了中华鳖养殖产业的孵化效益。团队发明的高稳定性的可温控、湿控的鳖卵无接触式孵化系统和沙卵式雄性诱导技术安全高效,雄性率为目前国内外最高水平,经济效益极为显著,现已在团队驻点服务的宁波市企业及部分省外地区得以示范推广。

❖鳖卵孵化

　　服务期间,团队已培育3龄雌性诱导中华鳖1500只,2龄雌性诱导中华鳖5750只,均转塘至余姚市明凤淡水养殖场进行专塘养殖,定期取样观察,用于后续中华鳖伪雌群体的筛选及全雄苗种的培育。目前,通过

DNA Marker(分子标记)鉴定技术,筛选伪雌鳖群体规模超过3000只,卵巢发育正常,为中华鳖全雄育苗提供了潜在应用价值,未来有望攻克中华鳖全雄苗种制备技术。

同时,团队还指导企业开展百亩大水面鳖虾鱼混养,养殖6000多亩,充分利用大水面水体环境稳定及水产养殖的规模效益、稳定效益,有效降低氮、磷排放,降低资源消耗与水环境污染,大大提高成活率和经济效益,相比传统小面积鳖虾鱼混养,亩均效益可增加50%。

一分耕耘一分收获。"中华鳖高雄性苗种诱导技术及应用研究"获2016年全国农牧渔业丰收奖一等奖,"高雄性中华鳖诱导技术及产业化研究"获2016年浙江省科技成果二等奖。

❋ 研究团队成果登上 *Science*(《科学》)

从产业应用问题到基础理论高峰,团队在龟鳖动物性别决定机制研究上取得了"从0到1"原创性成果,解开了该领域的世纪之谜,相关技术居国际领先水平。以第一作者/通讯作者身份在 *Science* 等核心期刊上发表论文20余篇,其中两篇发表于*Science*的论文系全国水产领域首次发表。相关研究成果被*Science*、*Nature*等期刊评价和正面引用,入编国际经典生物学教科书,书写了动人的科研故事。

播撒科技之光,助力乡村振兴

——浙江万里学院贝类养殖科技特派员团队

浙江万里学院贝类养殖科技特派员团队共11人,首席专家为浙江万里学院副校长、国家贝类产业技术体系池塘养殖岗位专家林志华教授,其他成员由浙江万里学院生物与环境学院、宁海海洋生物种业研究院及三门县农业农村局人员构成。团队成员中有中高级职称8人,博士学历9人。骨干成员何琳副教授兼任省级科技特派员和省级驻村帮扶干部,常年在三门县开展科技服务和农村帮扶工作。

台州市三门县是浙江省滩涂贝类养殖历史最悠久、产量最高的区域之一,以缢蛏、泥蚶为主要种类的滩涂贝类养殖一直占海水养殖主导地位,是我国滩涂贝类主产区之一。目前,该县海洋贝类养殖面积约18万亩,约占水产养殖总面积的80%,产量约16万吨,是当地农业支柱产业之一。

由于滩涂面积的减少和贝类天然苗种场的破坏,贝类种质资源难以满足养殖产业持续发展的需求,大规格苗种中间培育技术不稳定、生产效率低,贝类良种覆盖率低,养殖技术和模式固化,贝类在净化养殖水质、物质循环利用中的作用未被全面挖掘等问题,严重制约区域贝类养殖业健康持续发展。

浙江万里学院贝类养殖科技特派员团队于2013年开始在三门县开展科技服务。骨干成员何琳于2014年作为浙江省科技特派员下派到三门县浦坝港镇。团队自开展科技服务以来,为当地农业技术水平提升、乡村产业振兴、农民增产增收做出了重要贡献。

2014—2018年，团队引进浙江省海洋水产养殖研究所培育的泥蚶新品种"乐清湾1号"大规格苗种，在花桥镇下栏塘台州三港海水养殖合作社等进行养殖推广示范，示范养殖面积累计3000余亩。选育泥蚶生长规格整齐，表现出良好的生长优势，对比未选育品种，新品种泥蚶增收21%，经济效益明显。

缢蛏"甬乐1号"是团队选育的缢蛏新品种，自2017年始，在三门县花桥镇下栏塘（三门县方俊水产养殖专业合作社）、浦坝港镇浦坝塘（三门县大金山水产品专业合作社、三门区宇水产养殖专业合作社）和蛇蟠乡（三门县颐海水产养殖有限公司）等进行养殖示范，示范面积2500余亩。养殖10个月后，缢蛏"甬乐1号"较本地未选育品种生长速度提高48.1%~110.4%，产量提高28%~45%，经济效益显著。该品种已在三门县示范点树立了良好的口碑，慕名前来购买苗种的养殖户数量逐年增加。

※缢蛏"甬乐1号"（右）和对照组（8个月）（左）

自开展科技服务以来,团队在三门县示范推广泥蚶良种、缢蛏良种、缢蛏大规格苗种中间培育技术、缢蛏水平流循环养殖技术、益生菌科学使用技术、底铺网技术等,技术服务示范面积累计21 000余亩,帮助养殖户增加经济效益3600余万元。

团队还探索性示范益生菌科学使用技术模式,改善养殖池塘水质。在了解到以浦坝塘为代表的老旧养殖塘存在塘底淤泥较深、水质变动大影响养殖成功率等问题,团队选择该地作为示范地,定期到养殖塘查看生产情况,帮助筛选使用效果好的益生菌制剂并免费提供给示范养殖户使用示范。2016年,团队免费发放益生菌制剂175桶,价值3.6万元,示范面积40亩。经测量,水质氨氮含量平均降低22.73%,亚硝酸盐含量平均降低36.07%,池塘缢蛏产量提高18%,套养青蟹体表干净清亮,产量提高13%,小白虾产量提高21%。之后每年平均发放100~300桶益生菌制剂,在三门县金宸水产养殖专业合作社、三门县大周海水养殖专业合作社、三门区宇水产养殖专业合作社等开展示范,广大养殖户认识到正确选择和使用微生态制剂的重要性,掌握了科学合理使用益生菌制剂方法,并主动购买使用。经示范推广,示范区养殖成功率显著提高,平均每亩效益提高1.3万元以上,较两年前提高16.4%,有力带动了周边区域的养殖产业。截至2020年,累计示范面积9000余亩,累计增加经济效益1320万元。

为了解决缢蛏采捕难题,团队与浙江省海洋水产养殖研究所合作,从2013年开始分别在台州三港海水养殖合作社、三门县金宸水产养殖专业合作社、三门大金山水产品专业合作社、三门县大周海水养殖专业合作社等养殖生产单位开展缢蛏底铺网养殖技术试验与示范,累计示范面积7700多亩。

❖ 海水池塘贝类综合养殖培训班

　　针对走访调研了解到的问题,团队还不定期组织技术培训,累计组织培训14次,受训养殖农民779人次,发放技术资料840余份,培训内容涉及海水池塘虾蟹综合养殖技术、贝类综合养殖技术、池塘水质调控技术等实用技术,进一步丰富了养殖户的专业知识。

积极开展基础研究，支撑杜鹃花产业健康发展

——浙江万里学院花卉种质创新科技特派员团队

浙江万里学院花卉种质创新科技特派员团队，长期从事花卉种质创新研究工作，初步构建了杜鹃花和葡萄两类园艺作物的遗传转化体系。近年来，团队发表科研论文2篇，申报发明专利1项，还积极协助服务企业申报宁波市各类课题，指导企业申报专利、开展新品种选育等，进一步提高企业的科技含量。

杜鹃花，位居中国十大名花之六，有"繁花似锦"之美誉。该花以枝繁叶茂、花色艳丽而蜚声中外，具有较高的观赏价值和商业价值。

宁波市北仑区种植杜鹃花历史悠久，2000年被国家林业和草原局、中国花卉协会授予"中国杜鹃花之乡"，是我国最大的杜鹃花生产基地之一。北仑区生产的杜鹃花园林苗木和盆栽花已经推广至我国大部分适宜栽植地区，杜鹃花种植和销售已成为宁波市北仑区提质增效、农民增产增收的重要特色产业之一，为宁波市新型城镇建设做出重要贡献。

多年来，市场上出现的杜鹃花品种多是从日本、英国、比利时等国家引进的园艺品种，其适应性随着时间推移在不断下降，逐渐呈现出品种退化的迹象。针对这些问题，浙江万里学院花卉种质创新科技特派员团队，积极开展杜鹃花种质资源调查、杂交育种、芽变选种、逆境生理和分子机制、育苗和栽培技术等方面的基础理论和产业技术开发研究，并取得良好成效。据统计，近年来该团队培育了适合宁波市乃至浙江省及气

候相似地区的不同类型园艺盆栽和露天园林绿化新品种50余个,建立了200多亩杜鹃花种质资源圃,创制了1万余个新种质,并广泛开展了新品种、新技术的示范和推广工作。2019年,团队"杜鹃花新品种多目标选育与高效培育关键技术"项目荣获浙江省"科技兴林奖"一等奖,同年也获得国家林业和草原局"梁希奖"二等奖,发表相关研究论文10余篇,申报发明专利8项,推广新技术5项,新增就业岗位10余人。

团队从西洋杜鹃不同品种的杂交后代及西洋杜鹃芽变枝条中选育出11个品种,主要以适宜销售的盆栽花为主,其花色丰富、花期长、花型独特。团队从锦绣杜鹃和其他种类杜鹃的杂交后代中选育出10个品种,以抗性强(抗旱、抗寒)、花期长(2—6月份)、花色花型丰富(花色有白色、大红、紫红、绿色等;花瓣有单瓣、重瓣;花型有大、中、小)等为特征。

❖"甬粉佳人"杜鹃花

❉"甬绿3号"杜鹃花

❉"甬之梅"杜鹃花

❖ "甬紫雀"杜鹃花

同时,团队还积极开展杜鹃花花色、花香等表型相关的功能研究。基于"2+3"转录组测序、同源克隆、电子克隆等方法,以红白比利时杜鹃花、云锦杜鹃花、华顶杜鹃花为研究材料,研究其基因结构,探讨了基因时空差异表达规律,研究为分子育种奠定基础。该研究已申请发明专利5项。

以红比利时杜鹃花嫩叶为外植体,团队开发了一种高效、低感染率的红比利时杜鹃花再生技术体系,成功构建了一套出愈率低、污染率低、发芽生根效果好的实验方案。通过该方案,基地和农户可在无菌和人工控制条件下,不受季节限制且在有限空间内实现无菌杜鹃花苗木的快速、连续化生产,节约土地和人力资源。该研究已申请发明专利1项。

此外,团队还以红比利时杜鹃花为研究对象,成功构建多个基因编辑载体,并具有较高的活性。通过基于农杆菌、聚乙二醇等的方法,团队已完成受体的侵染与转化。

经过多年的不懈努力,团队先后开展了芽变选种、杂交育种、分子育种等研究,在良种选育、促进产业发展等方面取得了较好的成绩,为实现杜鹃花优良品种的本土化、产业化,促进宁波市杜鹃花产业健康、可持续、高质量发展,促进城市生态建设等做出了重要贡献。

与大山共呼吸，与土地同命运

——宁波城市职业技术学院
优良观赏槭树品种推广科技特派员团队

宁波城市职业技术学院优良观赏槭树品种推广科技特派员团队，是一支既可扎根三尺讲台教书育人，又能积极活跃在"三农"一线的团队。近年来，他们始终坚持科研服务面向地方经济发展和企业需求，持续将科技成果转化为实际效益。目前，团队已收集保存了国内外槭树种质数百种，建立了多个保存基地，参与制定国家行业标准，取得多个授权植物新品种。

四明山区，樱花摇曳、槭树飘香，这两种苗木一直是当地农民的主要收入来源。随着苗木产业外部竞争环境变化，当地苗木品种单一、栽培技术落后、标准化生产程度偏低的问题逐渐暴露出来，影响农民收入和乡村发展进程。

宁波城市职业技术学院优良观赏槭树品种推广科技特派员团队的出现，为陷入困境的农民们带来了福音。

这是一支由宁波城市职业技术学院祝志勇教授牵头的科研团队，成员的研究专长涉及园艺、生态、育种、土壤、森林保护等领域。研究苗木通常跨度大、时间长，团队成员几经更换，研究内容也多次调整，但团队主攻方向和服务目标始终没变。

❀ 科技特派员指导槭树种植

2011年，团队承担国家重大项目"浙江四明山区域槭树和樱花产业提升技术集成与示范"研究。该项目针对四明山区域苗木产业发展中存在自有知识产权品种少，种植、繁育、栽培技术传统，容器栽培新材料开发与应用速度相对滞后，产业从业人员技术力量比较薄弱等产业可持续发展的制约因素，通过繁育良种与推广、集成高效栽培技术与示范、调整与优化结构、培养技术团队等，实现了整个产业的转型升级。

此前，团队还承担了宁波市"槭树科种质资源建设与良种高效栽培技术研究"项目，从国内外搜集、引种大批槭树科、樱花等种质资源400多种，自主培育国家植物新品种10个。团队在此基础上选育出高观赏性和适应性栽培良种50余个[其中5个品种获浙江省林木良种审（认）定]，制定国家行业繁育技术标准，面向农户推广扩繁选育出的槭树优良观赏品种。

为了选对品种，研究人员一心扑在合作社里，记录每个品种的性状变化、病虫害等情况。由于对比的树种过多，研究人员只能用数字代替名称以仔细甄别，确保精准无误。即便是在外出差，研究人员也会在苗木萌芽、展叶、开花、色彩变化的时候抽空回四明山区观察苗木的生物学特性。

从"技术研究"到"集成示范"，主要的改变是集成槭树良种高效栽培技术，建立良种栽培示范基地，实施苗木快繁、促成栽培、容器大苗控释肥栽培技术，后者的攻关尤其关键、困难。苗木快繁主要采用大规格青枫砧木全冠嫁接技术及组织培养技术。全冠嫁接技术可以有效利用砧木生物量，加速苗木成形；而组织培养技术通过无菌操作，在人工控制条件下进行培养以获得再生的完整植株，从而大大缩短生产周期，实现工厂化生产。槭树属于木本植物，在组培技术上难度大、周期长。可喜的是，团队的不懈努力最终获得了回报。

※"四明玫舞"槭树

※"四明梦幻"槭树

2020年，苗木合作社困难重重。团队成员扮演了关键的"指导员"角色，帮助产业在困境中恢复生机。"气温回升快，要给苗木做好水肥管理。在大棚里作业时，一定要注意通风，做好自我防护。"宁海县力洋镇野村苗木合作社复工第一天，团队专家便专程赶赴复工现场，手把手地对农户进行生产技术指导。当天，正常开工近50人的合作社只有10余人（均为当地村民）到岗。团队专家的到来，给原本心中忧虑的村民吃下了"定心丸"。

复工复产以来，团队共对接10余家宁波市苗木企业与合作社，下沉一线叮嘱苗木农户作业间距不得少于1米，要求他们牢记佩戴口罩，时刻观察年前做了套袋处理的嫁接苗木的植物生长状态，对长势较好的苗木及时进行技术处理，以免影响苗木的产量和质量。

苗木行业从业者叶国庆，在复工之际等来了自己的"老师"祝志勇。暑假期间，祝志勇又多次前往叶国庆的种植基地进行现场指导，根据市场行情建议他大量培植青枫苗，以备槭树良种嫁接扩繁之需。据测算，一株青枫苗的繁殖成本大约为1.5元，以平均每株30元的市场售价来算，10万株就可以收入近300万元。

叶国庆曾是一位普通农民，走上创业之路，也得益于祝志勇及其所在团队的指导和支持。2019年，宁波高职院校大规模扩招，宁波城市职业技术学院的电子商务、酒店管理、园艺技术、物流管理等4个应用型专业招收了266名社会学生，叶国庆也得到了就读园艺技术专业的机会。

针对他们的职业特点，宁波城市职业技术学院依托自身的信息化教学优势，采用"校内校外双重学习、线上线下双重实践"的模式，在开展课堂教学的同时，通过在线课程平台进行线上教学，还送教下乡，将知识送到田间地头。得益于此，叶国庆和他的同学们掌握了知识、锻炼了能力、开阔了视野，不少人顺利改变了原有的生活状况，一步步走上了小康道路。

如今,团队牢牢坚持"把论文写在大地上"的产学研定位,始终活跃在"三农"一线,坚持将科研服务面向地方经济发展和企业需求,把科技服务送到生产一线。"我们有志于用好涉农专业师资和技术资源,积极满足农业科技需求,拓宽服务'三农'渠道,与大山同呼吸,与脚下这片土地共命运。"祝志勇说。

发动乡村振兴新引擎

——浙大宁波理工学院美丽乡村建设科技特派员团队

浙大宁波理工学院美丽乡村建设科技特派员团队,由徐亦冬、潘崇根、陈伟、吴萍、吴珊珊、沈建生6人组成,在乡村低影响开发、废弃物资源化利用、老龄化社区更新、规划设计、古建筑保护等方面开展大量工作。近年来,团队主持或参与完成国家科技计划项目"长三角快速城镇化地区美丽乡村建设关键技术综合示范"等课题研究,出版"十二五"国家重点图书1部,获发明专利授权5项、宁波市科学技术进步三等奖1项。

徐福村,位于慈溪市龙山镇,南靠徐福东渡成功起航地达蓬山,西傍风光秀丽的沈窖湖。

走村串户、深入田间地头、与群众拉家常……两年来,徐亦冬带领浙大宁波理工学院美丽乡村建设科技特派员团队成员往返宁波市与慈溪市,累计赴徐福村调研指导美丽乡村建设百余次。在调查中,团队摸清村情,制定精准措施,梳理村庄道路、整合零星和废弃土地,对村庄空间节点进行单独规划、提高住宅容积率,解决乡村人口密集、耕地紧张、土地粗放利用等问题。

团队牵头实施的"乡村住宅低影响建筑设计技术"研究项目,能够在研究区域乡村住宅建设现状基础上,提高乡村住宅与乡村生活的适宜性,延长住宅的使用寿命;通过被动式节能技术改善居住舒适度,降低住宅的主动能耗,减少住宅节能建设和改造成本,进而形成低能耗的乡村住宅,节约自然资源;改善乡村住宅与气候环境的适应性,极大地提高雨水在乡村的利用率,最大限度节约水资源和保护乡村水资源。

❀ 美丽乡村

❖科技特派员为乡村发展建言献策

　　在团队的设计规划下,徐福村完成旧村整治和改造20.85亩,功能适应性改造率达70.6%,保留传统民居自然通风和隔热优化率达66.8%;实现村庄建设用地总量不增加、耕地质量不下降、耕地数量不减少;节能设备与建筑一体化率达54.8%,住宅太阳能利用率达51%,全村河道护坡植被率达90%以上。徐福村2期农民公寓新型墙体材料利用率达100%。

　　科技特派员不仅是技术的传播者,还是科技创新的领头羊。

　　塘溪镇,位于鄞州区东南部,镇内河流交错,林木郁郁葱葱,具有丰富的自然资源和优良的生态环境。2019年,团队成员的足迹遍布塘溪镇。经过考察调研,团队精心撰写《宁波塘溪镇农旅一体化融合发展项目建议书》,建议塘溪镇以山脉、水脉、文脉、史脉为线索进行总体规划布局,对现有村落居民住宅进行排查评估;以"雁村"为启动点,进行村落内建筑整改和公园绿化等工作的开展,进而对村落沿线的旅游线路有序开发,充分挖掘当地人文资源;以"梅溪"与"白岩山"为基线,合理展开传统元素材料与山水资源的开发应用等工作。为有效解决雨洪问题,团队借助暴雨洪水管理模型进行数值模拟,发现低影响技术的引入在极端天气可以较好地控制雨水的地表径流问题。团队在应用设计时,充分考虑塘溪镇的地形地势、排水管网及附近河流状况,选择具有耐旱、耐湿、耐涝的植物进行组合搭配,同时优先选用塘溪镇当地的植被。村庄设计、桥梁、水渠、路灯、光伏发电……随着一个个项目的滚动实施,塘溪镇旧貌换新颜。

※科技特派员为美丽乡村建设出谋划策

美丽乡村建设,显著推动了乡村旅游产业的发展,增强了美丽宜居村建设的造血功能。童夏家村正是塘溪镇的一个美丽缩影。随着美丽宜居村建设的推进,童夏家村各项基础设施不断完善,村里的农家乐发展成为当地的特色产业。慕名而来的游客越来越多,村民自产的笋干、花生、玉米等农特产品成为"香饽饽",乡村旅游带动了村民增收致富。2019年,塘溪镇全域共接待来访游客2万人次,旅游业总产值达500万元。美丽宜居乡村项目建成后,预计第一年接待人次将增长50%,达到3万人次,旅游业总产值将超800万元。

乡村的蝶变发展,离不开团队贴近一线、持续攻坚的付出和努力。他们用实际行动为乡村振兴发展注入了不竭的"创新动力",持续用科技力量装点美丽乡村。

科技助力县域农产品加工产业蓬勃发展

——浙江大学柑橘加工科技特派员团队

浙江大学柑橘加工科技特派员团队，由浙江大学生物系统工程与食品科学学院4名老师组成，团队负责人是陈士国教授。团队成员长期从事柑橘加工废弃物提取功能因子相关研究，主持国家自然科学基金、863重点、科技支撑等项目30余项。自2008年起，团队入驻宁波市象山县，十几年如一日，每年多次前往象山县指导柑橘罐头加工生产工艺改进，帮助象山华宇食品有限公司建立生产线，解决加工耗水量大、废水排放难等问题，为象山县农产品精深加工产业发展发挥了积极推动作用。

罐头加工耗水量大、废水排放难等问题，一直是制约象山华宇食品有限公司发展的关键难题。浙江大学柑橘加工科技特派员团队组建后，了解到企业难题，多次赴象山县深入调研企业技术难题症结点，积极协助象山华宇食品有限公司申报宁波市科技计划项目"罐头加工节水减排技术研发与示范"、农业科技成果转化资金项目"柑橘罐头加工节水技术转化示范"等多个项目。为了攻克上述行业共性难题，陈士国教授、叶兴乾教授等多次下一线、进车间，每年柑橘罐头生产季节还派人长期驻点，研究各加工环节的水质特性。

※柑橘罐头生产线

　　经过一段时间攻关,团队发现柑橘罐头加工各环节水质差异明显,提出将工艺水"按质分类、分段处理、分级利用"的工艺,取得突破。2015年,团队承担浙江省重大科技专项重点农业项目"柑橘罐头节水减排及功能成分回收研究与产业化"研究,通过大幅改进生产工艺的水循环系统,在象山华宇建立了一套成熟有效的前处理水回用系统和杀菌冷却水回用技术,实现罐头工艺水分级利用。目前,象山华宇食品有限公司已做到1吨产品耗水从50吨下降到18吨,极大降低了耗水率。同时,杀菌冷却水回用技术还推广应用到杭州娃哈哈集团有限公司,帮助八宝粥罐头生产节水30%。

　　在解决了高耗水问题后,为解决废水排放难的问题,团队前往浙江省内多家柑橘罐头加工企业取样分析。去囊衣环节产生的高有机物含量的酸碱水是企业排放水难处理的问题(其主要成分含果胶类多糖)。

为更加高效地回收排放水中的果胶成分,团队发明了"气浮—连通"技术,改进酸碱用水循环路线,以富集排放水中果胶和黄酮等功效成分,减少柑橘加工用水量及酸碱使用量。

※科技特派员深入车间查看生产情况

为随时随地接受企业的技术咨询,团队与象山县企业建立微信群,及时了解企业情况和难题,实现"线上线下"联动对接。2018年5月,团队在前期研究基础上,深入研究了果胶分离提取加工方法,并成功研发高分子量果胶回收技术,协助企业建立果胶回收示范生产线。团队负责人陈士国,长期从事功能糖提取与分析,经深入研究回收果胶的结构及功能,开发了果胶新功能并将其应用在八宝粥、冰激凌、低脂曲奇饼干上,为回收果胶拓展了应用途径。同时,为了实现有机物的"零排放",团队针对果胶回收后的乙醇萃取液,以不破坏生物活性的物理膜分离技术,实现了低分子量果胶及黄酮的分离与精制,并在杭州络通生物科技有限公司成功转化应用,生产低分子量的果胶饮料。

历经11年的协作攻关,团队成功实现柑橘罐头加工排放水的全回用和清洁生产,果胶回收产业化,为罐头产业转型升级提供了新的技术。相关成果荣获2019年教育部科学技术进步奖一等奖,并被浙江省罐头行业协会重视和推广,进一步应用到罐头加工企业。

2018年8月,团队与象山华宇食品有限公司合作建立象山县研究生联合培养基地企业实践点,签订技术开发合同,深入实践点开展科研、创新实践等活动,进一步促进象山县农业产学研合作和技术成果转移转化,为高校培养科研人才。

立足项目带动，引领农场科技创新

——慈溪市农科所蔬菜栽培科技特派员团队

慈溪市是全国家庭农场发展的范本之一，家庭农场发展为当地农业发展带来了强劲的活力。随着各地家庭农场的大量兴起与发展，市场竞争激烈，如何持续创新，带动农场高产高效，是摆在家庭农场面前的一个现实问题。慈溪市农科所蔬菜栽培科技特派员团队，汇集了育种、栽培、植保、土肥专业的十余名农业专业技术人员，通过项目试验等形式服务家庭农场与农业公司，为慈溪市家庭农场与农业公司的发展注入了新的活力。

慈溪市坎墩玉兰果蔬农场（以下简称"玉兰农场"）是一家以果蔬生产和休闲观光为一体的新型家庭农场。2018年，慈溪市农科所蔬菜栽培科技特派员团队，根据农作物区域试验工作需要，结合玉兰农场的作物布局，决定在玉兰农场开展鲜食玉米新品种引种生产试验。经过近三年的试验与生产示范，2019年6月，特色糯玉米品种——"浙糯玉18"试验成功。该品种与农场对优质市场个性化需求的品牌定位十分契合。玉兰农场负责人向团队专家详细了解该品种的情况后，当即表示要在农场引种，为消费者提供更多的品种选择。

除玉米新品种外，团队还在玉兰农场开展了人工春化蚕豆育苗和栽培、"浙薯75"番薯生产示范、草莓无土栽培等项目。其中，蚕豆春化育苗年生产能力达1000亩，种苗与种植技术辐射周边农户，产生了较好的社会和经济效益。

❋科技特派员查看蔬菜长势

❋科技特派员记录蔬菜生长情况

2020年,团队专家根据加工企业的需求,与宁波海通时代农业有限公司(以下简称"海通公司")合作,开展小青菜品种筛选与周年绿色防控技术集成示范项目,筛选出分别适宜春、夏、秋三季种植的品种,带动农场扩大小青菜的种植面积。2020年,海通公司全年种植小青菜300多亩次,获得经济效益30余万元,还成为加工企业稳定的原料供应商。此外,团队还把海通公司作为"夏日阳光"樱桃番茄扦插栽培、"浙薯75"番薯、地方品种"白叶青"大头青菜、"小黄皮"马铃薯等的示范基地。

自2018年以来,通过项目带动、示范引领,团队专家在新品种选育、新技术示范与推广上,与农场、市场、消费者对接,在促进农业增效、农民增收方面取得了丰硕成果。

把甜蜜安全地奉献给消费者

——慈溪市亿园蜜蜂养殖技术服务科技特派员团队

慈溪市亿园蜜蜂养殖技术服务科技特派员团队成立于2018年7月。自成立以来,团队依托中国农业科学院蜜蜂研究所、浙江大学、国家蜂产业技术体系浙江工作站、慈溪市畜牧兽医技术推广中心等单位,发挥专家团队的技术力量,积极为慈溪市开展蜂业科技服务,深受慈溪市广大蜂农的欢迎和好评。

慈溪市是国内著名的养蜂之乡,慈溪市、余姚市两地又是宁波市主要养蜂区,蜜蜂数量多达十余万群,蜂农500多人。

近年来,慈溪市养蜂业面临诸多挑战,特别是蜜蜂疾病及蜂产品质量安全防控尤为紧迫。为此,团队组织专家直接下到蜂场,调研摸清蜜蜂流行疾病的种类、为害时间、为害程度、用药情况、环境状况等。经过总结分析,团队基本厘清慈溪市蜜蜂发病时间的长期性和常年性、发病范围的地区性和全国性、病原的可变性和混杂性、病情的反复性和突发性等特点,为慈溪市进一步开展蜜蜂疾病安全防治提供科学参考。

在开展调查研究的同时,团队专家也一直为养蜂场的正常运转提供技术支持。一旦养蜂场出现新情况、新问题,专家们总是在第一时间赶赴现场进行处理和解决。2018年12月以来,团队专家先后接到慈溪市崇寿镇、余姚市低塘镇、鄞州区横街镇等地报告的6起蜜蜂异常死亡情况。团队及时派专家赶赴这些蜂场,进行仔细观察、取样解剖、病原分析,尽快给出补救措施,使蜜蜂病情得到有效控制,为蜂农减少经济损失达30多万元。

※ 科技特派员提取蜂蜜以进行质量检测

❖ 专家授课

　　开展养蜂技术培训,提高养蜂人员素质,也是团队的重要职责。几年来,团队坚守"把甜蜜安全地送到消费者手上"的宗旨,举办5期次蜜蜂防治及蜂产品质量安全等专题讲座,培训800多人次,使广大蜂农听到新知识、学到新技术,对提高慈溪市蜂农的养蜂技术水平和蜂产品质量安全起到了良好的推动作用。

个人科技特派员

风采篇

马荣荣："甬优"水稻之父

马荣荣，宁波市农业科学研究院原院长，高级农艺师。1981年7月参加工作以来，他一直从事杂交水稻的研究、应用和推广工作。四十余年来，他甘于平凡，乐于奉献，创造了水稻品种新类型——籼粳杂交水稻，创建了杂交水稻育种成果转化新机制，创新发展了育种理念和育种方法，并积极进行试验推广，为带动全市农民脱贫致富，为全国粮食安全做出重要贡献。

保障粮食安全，"藏粮于技"是关键一招。自20世纪90年代以来，以马荣荣研究员为核心的宁波市科研团队攻克多项世界级难题，先后育出63个性状鲜明的"甬优"系列杂交稻种，累计推广面积达5200多万亩，增产稻谷超过41亿千克，打破多项高产纪录，为我国粮食安全做出了重要贡献。

冬日晴暖，收割完毕的试验田在阳光下金光点点。这个位于宁波市鄞州区邱隘镇郊的种业基地，马荣荣研究员与同事们一扎根就是好多年。

20世纪90年代中期，我国稻作育种经历着20多年发展高峰之后的一个低谷，粳稻杂交因为纯度不高、增产优势不明显等问题难以为继。"我国4.7亿亩粮田中，籼稻区和粳稻区大致六四开。籼稻杂交成功了，粳稻不能落后。"马荣荣及其团队立下"军令状"，保证5年内育出增产10%的杂交粳稻。

❀稻田间的马荣荣

　　水稻育种,关键是要找对方向、找准突破口。针对粳稻杂交纯度不高这个业界公认的技术难题,马荣荣及其团队把突破口聚焦在了亲本创制和种子生产环节。经过长达数年的攻关,2000年,杂交粳稻"甬优1号"诞生,成为浙江省首个比对照品种增产10%以上的稻种,当年就推广了20万亩。"甬优2号""甬优3号""甬优8号"……粳稻杂交的"禁区"就此被打破。

　　杂交优势越明显,杂交技术也越繁复。由于遗传距离远,籼粳杂交的后代普遍存在结实率低、植株偏高、转色差、充实度差等问题,因此也被公认为水稻育种的世界难题,近半个世纪没有突破。

　　通过对每年几万份育种材料的比照,马荣荣发现,由常规组提供的"宁波二号"转育成的不育系,经过3年与籼稻杂交测配后,部分组合穗形硕大、谷粒饱满。从塑造理想株型入手,团队集中资源持续强化对诱导水稻优势性状集聚、变异、稳定等关键技术的攻关。2004年，以"甬粳2号A"为母本培育的"甬优4号""甬优6号"横空出世，为籼粳杂交打开了新世界。

❋ 马荣荣（右五）和他的团队

多年来，马荣荣及其团队共育成"甬优"系列杂交稻品种63个，其中超级稻7个，国审品种11个。在这个过程中，除了科研人员的执着研究、各级种子管理部门的精准扶持，宁波市创新实施的"育繁推一体化"种业开发模式也起到相当大的助推作用。通过与宁波市种业股份有限公司（以下简称"种业公司"）的深入合作，"甬优"摸索出了品种产业化的一条独特路径：在种业公司精准运作下，新品种迅速推向市场，与此同时，公司销售收入又部分投入育种研发，从而形成创新闭环。目前，仅种业公司每年投入的育种经费就超过500万元。

早在十几年前，"甬优"水稻刚有了点名气时，浙江省各级农技推广部门就积极开展高产攻关,探索不同种植模式。手栽稀植、再生稻、连晚迟播……一个个新方法的推广不但提高了新品种的栽培成功率,也让农户吃到了增收的"定心丸"。

种业成果产业化,尤其需要技术支撑。从2016年开始,结合国家"十三五"重大科技专项"长江中下游水稻化肥农药减量增效技术集成研究与示范"(子课题)等的实施,宁波市农业科学研究院联合中国水稻所、宁波市农技推广总站将"精准播种机插""定量缓释施肥"等先进技术整合成套,为"甬优"稻种保驾护航。

❀科研人员对种质资源进行鉴定

经过植保团队反复试验,而今,"甬优"部分品种在保证高产的同时,可节省连作晚稻机插用种量 25%、化肥农药用量 30% 以上。对种植户来说,这些都是实打实的受益。如今,"甬优"系列杂交水稻在浙江省种植面积占比已连续 7 年位居榜首,育成品种推广到苏、皖、赣、闽等 12 个省份。从黄河入海口到长江上游再到中越边界,甬产籼粳杂交稻"南延北扩西进"的趋势日益显现。

良种选育既关乎粮食安全,也是提升国家粮食消费能力的重要一环。在持续提升产量、抗性及广适性等基础性能之外,马荣荣及其团队很早就开始围绕籼粳杂交稻的适口性等关键指标进行攻关。"甬优 15""甬优 1540""甬优 7850"等品种都曾获评"浙江好稻米"。2020 年,"甬优 17"和"甬优 4901"又获评"浙江好稻米"金奖。在 2019 年 11 月召开的全国超级稻现场观摩交流会上,"甬优 538""甬优 7850"双双上榜全国十大优质粳型超级稻推广品种。

为提高优种选育的效率,近年来,马荣荣及其团队还大胆探索以分子标记为代表的现代生物育种模式。借助先进技术的引入和试验网络的持续拓宽,"甬优"家族加速壮大。

如今,"甬优"的名声越来越响。2020 年 9 月 25 日,贵州省农学会组织专家对兴义市超高产水稻测产验收,"甬优 1540"以 1081.80 千克的亩产量刷新了贵州省水稻高产纪录,为黔西南布依族苗族自治州脱贫攻坚做出主要贡献。2020 年 12 月 11 日,"浙江农业之最"委员会专家组公布了位于宁波市奉化区江口街道三进桥村麦浪农场的"甬优 1540"连作晚稻的测产结果。该片水稻以 801.79 千克的亩产,刷新了"连作晚稻百亩方最高产"的"浙江农业之最"纪录。

陈忠法：守住绿水青山，共走致富之路

陈忠法，浙江万里学院教授，全国优秀科技特派员、浙江省功勋科技特派员、浙江省优秀科技特派员、浙江省农业科技成果转化推广奖和浙江省五一劳动奖章获得者。2005年起，在丽水市青田县祯埠乡担任科技特派员，2017年起，在丽水市青田县季宅乡担任科技特派员，长期扎根农村一线，服务成效突出，深受广大农户喜爱。

距离浙江万里学院陈忠法教授第一次走进青田县担任科技特派员，已有16年的时光。

数千个日夜扎根一线，他被淬炼打磨成一名助力乡村振兴的"全科医生"。从宁波到青田的350公里路，见证了他的成长，也见证了一座山区县城的蓬勃振兴。

回忆起刚到青田县的那段时光，陈忠法的脑海里闪现的是美丽的山水和规模小、设备简陋、技术匮乏、畜禽排泄物处理不当的农村养殖产业。"青田的美需要有意识地去保护。"陈忠法理解农民"面朝黄土背朝天"的艰辛，也一直在思考如何解决农村养殖带来的生态环境污染等问题。唯有兼顾绿水青山和脱贫致富，才能真正改变农村面貌，让村民们都过上好日子。

2005年，陈忠法推行的第一个项目是"种草养羊"，结合青田县祯埠乡优越的发展食草动物基础条件，把当地冬闲田、林地、溪圩滩地的人工种植优质牧草和大量天然草山、草坡资源利用起来。农民们发现，在这些人工种草的区域养羊,环境得到了保护,饲草的产量和质量都有保证,饲养的成本也有所降低,他们的钱袋子也日益充盈起来。

❀陈忠法(左)指导蜂农

陈忠法推广引进良种波尔山羊,同时推广山羊高效养殖技术,催生了一批规模养殖示范户,带领更多农户走上了脱贫之路。

他寻找到了适合放养土鸡的山区林草地、果园。一方面,土鸡可以从果园、林地中觅食大量的青绿饲料、昆虫,减少森林病虫害。另一方面,废弃果实和发酵的鸡粪可以为果树提供优质肥源,有效改良土壤,一举两得。

他指导湖羊养殖合作社改造羊舍,在棚顶覆盖一层农用黑网用于遮阴降温,中间则敞开通风,地面采用漏缝地板,还安装了自动碗式饮水器,保证饮水干净且足量。羊粪堆积发酵后成了牧草优质的有机肥,牧草可以喂羊,从而形成良性生态循环。

他还在青田县最大的蛋鸭网上生态养殖基地先行先试,指导引进良种蛋鸭"国绍 I 号",并应用离地网上平养生态养殖技术。垫料污染减少了,鸭舍卫生明显改善,蛋鸭疾病也随之减少。配套使用的全价配合饲料还提高了产蛋率和鸭蛋营养品质,让蛋鸭有了更高的附加值。

羊、鸡、鸭这些家畜家禽的良种引进和技术改造,效果立竿见影。2008 年,陈忠法主持的"养生鸡中草药生态养殖技术推广及产业化经营"项目获得国家"星火计划"资助。他参与的项目"海水网箱养殖鱼类软颗粒饲料生产与投喂技术"获象山县科技进步二等奖,"中华鳖三段式生态养殖技术集成与示范"获丽水市科技进步二等奖,"中华鳖高雄性苗种诱导技术及应用研究"获农业农村部丰收一等奖。此外,陈忠法积极协助组建青田层林禽业专业合作社等 10 多家农业专业合作社,以"合作社(公司)+基地+农户"的模式进行产业化推广发展,累计带动数百农户增收致富,促进山区生态优势向经济优势转化。

青田县季宅乡土蜂养殖业的兴起,也是陈忠法的"倾力之作"。2017 年,他从祯埠乡改派而来,很快就注意到了这里优越的自然环境、密布的野生蜜源植物和相对贫乏的劳动力。"为什么不发展养蜂产业呢?"为此,陈忠法深入田间地头,了解农户生活,与乡政府积极沟通,沿着生态农业的发展方向,提出在当地进行土蜂养殖的科技扶贫项目。

圣鸽家庭农场是陈忠法重点协助打造的土蜂生态养殖示范基地。农场周围种植了大量蜜粉源植物,蜂场生产区和生活区分开,彩色蜂箱兼顾了实用性和观赏性,蜂蜜加工间涵盖过滤、包装、储存、消毒烘干等功能。在陈忠法的帮助下,这家农场的蜂蜜产品获"丽水山耕十佳蜂产品",还被认定为 2018 年度丽水市"十佳"绿色休闲性示范家庭农场。

※ 陈忠法查看蜂箱

经他助力推广的畜、禽、蜂等生态养殖项目和"合作社+基地+农户"发展模式,已在青田县当地产生较大影响。经他培训过的农民超过2400人次,重点服务企业30多家,累计带动550多户农户增收5000多万元。他本人也先后被评为"全国优秀科技特派员""浙江省功勋科技特派员",并3次获评"浙江省优秀科技特派员"。

2019年6月,陈忠法还带队到季宅乡签订帮扶协议,建立了"乡村振兴服务基地",至今已有多名浙江万里学院的专家、教授到季宅乡开展服务和培训。

这些耀眼的成绩,并非凭空而来。作为来自高校的专家,陈忠法主动求教,在农村向农民学,参加培训班向同行学,在实验室里做对比研究,一步步成为养殖业的行家和多面手。

❀陈忠法(左)指导作物种植

　　为了帮助农民养蜂致富,他通过参加各种蜂业培训班、参观考察养蜂基地、阅读养蜂图书、请教浙江大学养蜂专家胡福良教授等各种方式学习养蜂技术;为了养好生态土鸡,他利用中草药饲料添加剂做饲养试验;为了解决生态养鳖问题,他将养鳖池移到了水稻梯田,采用稻鳖共生、稻鳖轮作等新型生态养殖模式。他的汗水没有白流,有效保障了山区农田稳定、粮食增产和农民增收。

　　常常有人问他:"这么久了,怎么还在当科技特派员?"他的回答朴实、真诚:"能得到农民的喜爱、欢迎和认可,这是我最大的收获,也是我坚持下去的动力。"

王建平：开创"六有模式"的"渔博士"

❖王建平深入基层推广健康养殖技术

　　王建平，宁波市海洋与渔业研究院研究员，2008年11月入驻象山县新桥镇担任法人科技特派员团队首席专家，带领团队在实践中创造了法人科技特派员团队的"六有模式"。2012年11月，他入驻象山县红升水产养殖有限公司、象山蓝尚海洋科技有限公司等单位，担任团队科技特派员首席专家，通过大数据、物联网等技术，成功实现了大黄鱼、拟穴青蟹、三疣梭子蟹、南美白对虾等宁波主要品种的养殖环境数据在线实时采集与分析,建立了重要病害预测报方法和数字化监测预警平台,开拓了病害快速诊断和自动诊断技术。他是享受国务院政府特殊津贴专家和宁波市有突出贡献专家。

中等个头,黝黑的皮肤,眼神中透着睿智,朴实的脸上挂着温和的笑容,他就是来自宁波市海洋与渔业研究院的王建平,是派驻象山县的科技特派员,也是水产养殖户眼中的"渔博士"。

2008年,来到象山县新桥镇的王建平,肩负着推广健康养殖技术、发展当地高效生态渔业的重任。自那时起,他就成了手机24小时开机、全天候在岗的"指导员"。根据新桥镇渔业生产特点和农事季节,王建平围绕优势主导产业,针对养殖生产中存在的问题,定期开设渔民健康养殖技术培训班,让长期缺乏基本养殖技术知识的渔民朋友掌握科学知识、减少损失。

四年后,王建平"特派"的目的地更换为象山县红升水产养殖有限公司、象山蓝尚海洋科技有限公司、象山宁港水产养殖有限公司、宁波奉化阿岳水产养殖场等从事水产养殖的一线企业。

水产病害的预测与诊断,一直困扰着当地的水产养殖企业。王建平的到来,让他们接触到了专业防治病害的新途径。王建平了解到,过去,面对水产病害,多数水产养殖户采用的方法是直接往水面泼洒药物,或在饲料内拌合给药,这样做不仅效果一般,还容易对生态环境产生负面影响。"宁波水产养殖业发达,但水产病害致损率高,每年因水产病害造成的直接经济损失就超过两亿元。"王建平表示。

面对难题,在宁波市科技局、宁波市海洋与渔业局等部门的大力支持下,宁波市海洋与渔业研究院牵头组建由多单位、多学科、多领域参与的专家团队,开展了病理学研究、重要病害监测、流行病学分析等研究工作,10年间在宁波市设立了51个监测点,通过大数据、物联网等技术,成功对大黄鱼、拟穴青蟹、三疣梭子蟹、南美白对虾等宁波市主要水产品的养殖环境数据进行在线实时采集与分析,建立了重要病害数字化监测预警平台,研发了病害快速诊断和自动诊断技术。

　　作为团队首席专家,王建平率先把手机短信平台应用到水产养殖生产当中,积累了丰富的经验。"渔民们日常工作都在滩涂和海湾,那些地方偏僻,手机是养殖户获取外界信息最主要的工具。针对这个问题,我们开始探索构建病害测报的网络平台。"经过反复探讨和技术打磨,王建平团队将过去相对粗糙的短信平台建设成完善的数字化监测预警平台,还在此基础上研发出了快速选药、用药的方法。

❖ 王建平(右二)指导蟹类养殖

　　新药和新方法,为渔民和养殖户带来了显著的直接收益。一种病害只需要几个小时就能确诊,选药准确率也明显提高。选药周期从传统方法的 1~2 周缩短到不超过 2 天,极大提升了病害发现的及时性和应对的时效性,减少了用药量和盲目性。

宁波市三大水产主养品种之一的南美白对虾养殖,就因此受益颇多。由于南美白对虾本身比较娇气,对水质环境、苗种质量和气象环境等要求较高,养殖的可控性较差,很容易发生病害,影响养殖户的收益和食用者的身体健康。"新技术推行 3 年间,我们养殖的对虾养殖病害发病率平均降低了 13.76%,利润增加了 300 多万元。"象山县红升水产养殖有限公司负责人黄庆宏的喜悦,是对王建平及其团队研发成果的最好肯定。

此外,王建平及其团队还将水产病害死亡率与温度、降雨量、风力等气象因素建立了联系,为水产保险定损提供了技术支撑。得益于此,大黄鱼、梭子蟹、南美白对虾等气象指数保险纷纷在宁波市落地,给万千养殖户吃上了"定心丸"。

2017 年,团队取得的"水产病害监测、预警与减损技术集成研究和应用"研究成果,获 2017 年度宁波市科技进步一等奖。在新技术的"加持"下,宁波全市累计减少病害损失约 3.72 亿元,减少渔用药物施用支出约 1.89 亿元,新增养殖效益约 7.13 亿元。

在水产养殖业一线的长期工作经历,让王建平收获累累荣誉——成为享受国务院政府特殊津贴专家和宁波市有突出贡献专家,获得全国先进工作者、省劳动模范等称号,荣膺省市两级优秀科技特派员、全国农业技术推广贡献奖、浙江省农业科技成果转化推广奖、宁波市农业科技创新创业奖……

2019 年,在全国科技特派员制度 20 周年工作总结会议上,科技部通报表扬了 92 名优秀科技特派员,王建平位列其中,是宁波市唯一获此殊荣的科技特派员。

十余年的时间,王建平及其团队总结出了一套独创的"六有模式":

一是有规划,即在调研基础上科学编制现代渔业发展规划,并根据规划制订团队服务工作计划;二是有技术,实施基于生物絮团技术在大棚养殖虾中的应用与推广等22个项目,解决共性关键难题;三是有基地,依托龙头企业建立科技特派员示范基地,建立解决难题、试验、示范和推广模式;四是有服务,搭建技术平台,强化现场技术服务,将科技及时送到塘边;五是有培训,把培育现代渔业新农民,提高科技素质作为一项重要工作;六是有机制,制定和完善工作制度,建立法人科技特派员长效机制。

带着经过实践打磨的"六有模式",这位有口皆碑的"渔博士",还将继续乘风破浪,造福更多渔民和养殖户,为宁波市水产养殖业的高质量发展贡献更多力量。

安学君："乡村智囊"打造最美"彩色稻田"

❖ 美丽的油菜花田

　　安学君,宁波市农业科学研究院蔬菜所高级农艺师。在派驻宁海桑洲镇期间,她被一留再留,扎根农村、服务基层长达十年之久,为当地的农业增效,一二三产业融合和美丽乡村建设做出突出贡献。在她的努力下,宁海县桑洲镇南山花语旅游精品线一日游,入选省休闲农业和乡村旅游精品线路,宁海县胡陈乡东山桃园等入围 2019 年浙江省 100 个"最美田园",极大促进了乡村文旅产业发展。

　　每年春天,宁海县桑洲镇的油菜花都会"刷屏"社交媒体。在很多旅游爱好者的眼中,这里有三月中国最美的乡村和最美的油菜花田。但很多人不知道的是,即便到了夏季,这片土地也有绚丽多姿的美景,值得观赏、令人赞叹。

气候转暖后,南岭、里山季、平园等几个村的稻田里就会出现"鲤鱼跃碧波""蝶恋花""仙鹤祥云"等二十多幅大型"十字绣",美不胜收。这些"彩色稻田"背后的总设计师,就是宁波市农业科学研究院派驻宁海县桑洲镇的科技特派员安学君。

❀ 稻田景观

为了打造这片独特的稻田景观,安学君下足了功夫。

首先,要确定稻田的尺寸。安学君根据稻田所处地块的尺寸设计图案,以绿叶稻为背景色,将农田进行定格拉线以确定图案位置,再去除图案轮廓内绿叶稻,最后将黑、棕、紫、黄等彩色水稻苗,按图案所需替代插进去。

其次,还要兼顾稻田的实际价值。安学君选择的是桑洲镇的"胭脂红"米,这一稻种在当地的种植面积超过1000亩,每年向宁波市供货超过180吨。

"胭脂红"米的营养价值高、附加值高,还有一定的文化底蕴。安学君了解到,"胭脂红"米曾出现在《红楼梦》第五十三回。书中提到,贾府的庄头乌尽孝到贾府交租子,其中"下用常米一千石",而专供贾母享用的"御田胭脂米"只有"二石"。这"御田胭脂米"米色如胭脂,传说是清代康熙皇帝亲自发现和培育出来的,所以又称"御稻种"或"御稻米"。据红学家、宁波大学浙东文化研究所研究员季学源的研究,"御田胭脂米"的部分种子曾流入宁海县,从清代到民国时期,在桑洲镇、深圳镇等山区都有种植。

在走访农户收集红米种子并查阅大量资料之后,安学君确定桑洲镇长田头山区的红米品种是清康熙年间留传下来的传统品种。另外,她检测后发现宁海"胭脂红"米中的维生素B1、B2含量比普通白米高,所含镁、硒、锌等矿物质也远高于白米,非常适合产妇炖粥滋补身体。

为此,安学君对"胭脂红"米进行了生态高效栽培技术研究,并引导部分农户加大红米种植面积,同时挖掘、推广桑洲清代贡米文化。为了让稻田成为乡村旅游的"催化剂",安学君引进国内近几年风靡一时的紫色、黄色等观叶的彩色水稻,并于2019年在试验田里成功组成各种字形、笑脸图案,吸引了众多游客前来观光。试验成功后,安学君又新引进金黄色、紫红色、镶金黄、暗紫色等各种叶色的彩色水稻,通过图案设计、分割定位,创意出色彩丰富的稻田景观。

彩色水稻图案吸引了一大批游客,为周边农家乐、民宿带来一定客流量。水稻收割后,经筛选还可做种子出售,为农户带来收益。"2011年以前好的红米也就十几元一千克,到2015年,我们的红米网上就能卖四五十元一千克,非常受欢迎。"宁海县桑洲镇基层干部俞光兵曾如此赞誉。

红米的研究和开发，只是安学君"扮靓"美丽乡村的一项实践。

2011年来到桑洲镇后，安学君依托宁波市农业科学研究院的科研优势和多年积累的农业知识，充分发挥专业特长，建立多种要素间的协同服务创新机制，密切与农业企业、基地对接，促进科技成果转化，创新发展山区特色农业，摸索出一条符合时代特征、桑洲特色、山区特性的新路子。

除了多彩水稻，安学君还为桑洲镇和周边其他乡镇引来了多个油菜新品种，种下了格桑花、杜鹃花、百日草等数十种观赏花卉，和金禾女贞、南天竹等十余种彩色树种，在田间地头培育成四季色块，打造出美丽的乡村景观。

❀安学君（左二）指导茶产业发展

此外，安学君还协助桑洲镇创建了一批农业特色基地，扶持了多个新农村美丽田园建设项目，引进新品种百余个，引入乡村观光、"胭脂红"米栽培技术等新技术十余项，示范推广面积超过4000亩次，申报成功"浙江省农业强镇"和"南山花语小镇"等特色小镇,将地理位置相对偏僻的桑洲镇一步步打造成充满创意的特色农业发展典型示范。桑洲镇成功实现了从曾经的"候鸟镇、空心村"向全国"一村一品"示范村镇、华东十大最美赏花胜地、华东最佳旅游自驾营地、宁波全域旅游示范区、宁海精品民宿先行区的完美蝶变。

如今的桑洲镇,依托良好的自然生态资源,秉持"绿水青山就是金山银山"的发展理念,以"茶香花语、古驿桑洲"为发展主线,抓好"美丽城镇"和"全域旅游"两大重点,探索打造"民宿经济"综合体,充分挖掘农业和传统文化附加值,创新"民宿+田园农事""民宿+农村文创"经济发展新模式,走出了一条尽显桑洲镇特色的美丽蜕变之路,走通了"绿水青山就是金山银山"的转化之路。

舒巧云：五年"科特派"，一生农村情

舒巧云，宁波市农业科学研究院高级农艺师。在余姚市鹿亭乡，她充分利用专业知识，配合当地政府开展生态环境保护，以实际行动践行"绿水青山就是金山银山"的发展理念；配合当地政府落实垃圾分类制度改革，全面推进农村生活垃圾科学处理；利用专业特长，因地制宜为当地发展农业特色产业，帮扶当地企业积极申报各类科技项目，取得明显成效。

2015年刚到余姚市鹿亭乡中村村担任农指员时，舒巧云已是一名掌管着林业所200多亩科研基地的高级农艺师。在村民们看来，她是"实验室里的科学家"，似乎和接地气的乡间农活儿有些距离。

但舒巧云用实际行动证明，她能做到科研和农业指导实践工作的兼顾。

早上六七点，她就从宁波市区的家里出发，转乘四五趟公交车，耗时3小时左右在午饭前到达。"这么不方便，为何不考虑在鹿亭乡长住？"面对这样的问题，舒巧云的回答掷地有声："不行啊！我是搞科研的，长住意味着就要放弃业务。这样两年下来，业务知识就会跟不上形势，今后还拿什么指导农民增收致富？"

五年农指员，一生农村情。在鹿亭乡的这些年，舒巧云熟练运用自己掌握的专业知识，脚踩大地，因地制宜帮助当地发展农业特色产业，取得了累累硕果。

入村之初，她就展开深入调研，了解到鹿亭乡的村民都有种植番薯和加工番薯粉丝的传统,且番薯产品深受本地和外地消费者的喜爱,是村民重要收入来源之一。但随着番薯品种退化,品质与产量急剧下降,导致村民收入也大幅度下降。

※舒巧云(左)与村民交流野菜种植方法

怎么破题?舒巧云多方调研,及时引进了高产高出粉率的番薯新品种"心香"种苗,并指导农户根据"心香"品种特性进行高产栽培,当年就取得了大丰收,使番薯亩产量从2000余千克增加到3000余千克。50%的产量增幅,让鹿亭各村的村民们都看到了希望。很快,"心香"番薯就在鹿亭乡的中村、李家塔、高岩、白鹿等村推广种植。她也亲自走到田间地头,指导村民自繁快繁种植。

目前,"心香"番薯已在鹿亭乡全面推广种植,成为供销两旺的"拳头产品"。

有了优质产品后,如何做好营销、扩大影响力?新的问题摆在了舒巧云面前——鹿亭乡的番薯粉丝质量上乘,但长期缺乏统一的品牌和包装,村民往往用棕榈丝或者尼龙绳一扎,然后直接对外售卖,产品包装简单粗糙,销售范围也很受限制。

苦思冥想后,舒巧云有了对策。她将科技特派员项目的科研经费拿了出来,设计制作特色包装,使产品形象得到大幅度提升。同时,她也在自己的微信朋友圈里拼命"吆喝",成为鹿亭乡粉丝的"促销员"。2016年,中村村番薯粉丝取得的收入就达到了140万元,实现跨越式发展。

随后,舒巧云又协助解决了鹿亭乡番薯粉丝在品牌建设及运输销售等方面存在的一些问题,建议举办鹿亭乡番薯粉丝节,筹划并全程参与活动,将鹿亭乡番薯粉丝打造为主要的旅游农副产品,大幅提升产品形象,扩大销售渠道和销售半径,切实充盈了农民的"钱袋子"。

从2015年到2018年,鹿亭乡番薯粉丝的产值从100多万元增加到500多万元,鹿亭乡常住村民番薯粉丝人均收入超过1000元。

✧舒巧云(右)查看番薯长势

除了番薯这一"招牌",舒巧云还结合当地环境条件和派出单位的资源优势,帮助鹿亭乡引进了许多新型旅游农产品,包括"甬甜5号"甜瓜、甜糯玉米、薄壳山核桃、猕猴桃、珍珠李、水蜜桃等10余个新品种,为发展美丽乡村旅游产业提供了丰富的资源和充足的底气。

在农村环境保护方面,舒巧云也积极主动地做贡献。一方面,她利用专业知识走村串户进行宣传,通俗易懂地让老百姓明白为什么"绿水青山就是金山银山",并对村里的卫生、环境建设及污染排放等提出诸多建议。另一方面,她全程参与农村生活垃圾分类工作,走进农家乐和村民家中宣传指导,利用自身专业知识申报垃圾分类相关的科技项目,还积极开展厨余垃圾有机肥在马铃薯、番薯等农作物上的肥效试验,把生态环境治理落在实处。

科技研究的本职工作,舒巧云自然也没有落下。近年来,她结合乡村旅游不断升温与消费者对绿色生态农产品需求日益增多的情况,多次联系宁波市农业科学研究院蔬菜所科研人员到鹿亭乡野菜基地调研,指导当地企业申报了余姚市科技局的项目"地产功能性野菜生态复合栽培技术模式研究与示范",她还联络宁波市农业科学研究院生物所科研人员到鹿亭乡铁皮石斛基地调研,与当地企业合作申报了宁波市科技局公益类项目"高山铁皮石斛森林立体栽培技术研究"。

五年的时光,让舒巧云真正融入了这个美丽的村子,曾经的"完成任务"逐渐变成了"新村民"的"自发做贡献"。"舒指导员把我们当成亲人,把中村村的事当成她自己的事。"中村村妇女主任郑夏芬的感慨,是最好的证明。

舒巧云的努力,让鹿亭乡变得更美丽、更富裕、更文明。2019年5月,宁波市农合联工作座谈会暨村级综合服务社建设现场会在鹿亭乡召开,"鹿亭模式"被树为典型。2020年底,浙江省生态文化协会、浙江省林业局下发文件,对全省51家"浙江省生态文化基地"进行了命名,鹿亭乡中村村位列其中。

这些荣誉和成就,让舒巧云倍感骄傲。她希望自己能更多地参与鹿亭乡的发展进程,与鹿亭乡同进步、共成长。

刘夔:凝聚科技智慧,林下种出"黄金"

投身园林设计、施工教育研究领域数十年的宁波城市职业技术学院高级实验师刘夔,在2016年迎来了一个全新的身份——驻奉化锦溪村科技特派员。

为了尽快熟悉村里的情况,刘夔第一时间找村干部沟通,了解基本情况和近期发展规划,并找村里种植大户交流,掌握苗木发展状况及市场行情。一段时间下来,刘夔开车跑遍了村里的各个山头和林地,熟悉了锦溪村的基本情况。

锦溪村地处奉化区溪口镇的偏僻山区。2010年以来,该村充分利用山林优势,以香榧种植为突破口,走出了一条山区经济薄弱村自强脱贫的乡村振兴之路,陆续种植香榧1800多亩,其中连片种植的香榧基地达1500亩,成为宁波市最大的香榧连片种植基地。

但与不断扩张的香榧地一起到来的,是种植香榧的效益问题。一棵香榧苗种下去,要7~8年才到盛果期,并且香榧树的病虫害多,管理难度大,成活率低,特别是幼苗刚种下的头两年,管理上要更加精细。因此,刚开始农户种植香榧的积极性都不高。丰富的山林资源产生不了效益,群众不能增收,这样的窘况让村干部们颇为烦恼。

为此,刘夔带领团队开始香榧林下经济作物套种实验的研究。在众多对比实验后,经村委会讨论,最终在2017年确定套种黄精。

团队进行了精细的选种对比试验。黄精不仅是乡土品种,还是多年生的宿根落叶矮灌木,不管是生长期还是休眠期都不会对香榧树生长带来负面影响,反而可以减少杂草的滋生,既能节省人力成本,又能降低除草剂的用量,从而提高香榧品质。同时,黄精根系发达,不仅能有效防止表土冲刷、改善林下环境、美化梯田墙群,还能保护香榧树根、降低地表反射热,从而扩大香榧开花量,提高挂果率和香榧地亩产值。此外,黄精的枯萎期正是8—9月香榧果实成熟期,不影响香榧采摘,黄精本身也是适应能力强、生长快、利润回报高的乡土药材,是与香榧套种的最优选择。

❖ 刘夔(左)指导农户种植黄精

❊刘夔（左一）和团队成员到田间地头进行技术指导

种种优点叠加，让黄精的培育和种植成了当务之急。刘夔率领团队成员迅速开展工作，从引种驯化、种源基地培育、试种跟踪观测、快速生根、扩繁实验到大面积种植，克服黄精缺水状态下块茎的萌发生根等难题，摸索出一整套成熟的种植流程。

林下"黄金"不易得。为了收获高质量的黄精块茎，刘夔经常到田间地头指导，劝导村民不要使用化学速效肥和化学药剂，尽量使用富含腐殖质的有机肥。

在有限的时间里，刘夔取得了丰硕的"战果"。黄精首次在300亩香榧林下扩繁时，成活率就超过95%。目前，黄精种植面积已达500多亩，带动周边农民就业达百余人次，提高农民年收入近万元。按照预期，五年后林下黄精亩产值可以提高20多万元。此外，根据对比观测，黄精的种植不仅可提高香榧的产量，还能提升香榧的品质。"全市最大香榧连片种植基地"的"金字招牌",越擦越亮。

种出"黄金"的锦溪村,需要更好的环境、更高素质的农民队伍,以此迎接更多的游人和订单。

此时,刘夔在园林设计领域的专业能力又发挥了至关重要的作用。他充分结合锦溪村得天独厚的地理优势、自然环境及长年源源不断的山水资源,大胆地调整了原先的设计方案,充分利用村前的水流和山体,按照"汛期排得出、枯期不枯竭"的理念进行改造,同时保留原有山体不改形,确保天然植被不破坏,打造出一幅以自然山水为主景观的乡村美丽画卷。这项改造工程既环保又高效,还节省了大量建设开支。

锦溪村科普文化广场的建设,也面临着时间紧、任务重、压力大等诸多问题。刘夔结合村子特色文化深化原有设计方案,依托青砖古瓦的建筑风格,用好本地山沟溪坑石资源,融入本村香榧特色产业元素,制定了更有当地特色、更具人文风情的新方案,还在建设进程中节约了数万元成本,交出一份漂亮的答卷。

与香榧产业互利互惠的香榧基地景观提升项目,也是由刘夔负责完成的。

看到现场地势存在高程差后,他决定利用山体落差打造跌水景观。原来的沼泽地死水沟,被他改造成了可环游的观鱼池。整体布局如何规划?他提出遵循游人"有果摘、有水戏、有景赏、有步留"的造景原则。成本如何合理降低?他建议注重"土方就地平衡"和"水源内循环利用"等法则,仅土方成本就节省了近十万元。

村子的风貌更美了,农民们也掌握了更多知识和技能。农闲时节,刘夔就"美丽庭院营造"和"苗木生产与管理"两个主题组织农民培训。在他看来,村民不仅是美丽乡村的建造者,更是美丽乡村的护理者。"相关知识的宣传和相关技能的培训,可以从源头上增强村民的环保意识,让他们认识到环境对人的身心健康的重要性,从而调动他们参与乡村建设的主动性。加强苗木生产与管理的技能培训,则可以提高他们自身的生产管理能力。"刘夔说。

近年来,刘夔陆续开设了 20 多场农民培训,培训范围延伸到奉区、宁海县、象山县等地的其他村镇,有近千人次参与培训。与此同时,"五水共治""一村一品"及花木促销等工作一线,也活跃着他的身影。

2018 年 11 月 15 日召开的浙江省科技特派员工作 15 周年总结表彰会上,刘夔被评为"浙江省成绩突出科技特派员"。锦溪村党支部书记金忠芳也不吝赞美之辞:"锦溪村这几年的发展,凝聚着他的汗水和心血。"

在成绩面前,刘夔一直保持着谦虚、谨慎、踏实的态度,不以过去的荣誉为傲,而是心怀感恩、一心向前。在他看来,特派员工作不仅是锻炼自己的好机会,也是对其专业能力的检阅。"能为当地乡村建设尽份微薄之力,我倍感自豪!"他说。

汪财生：用科技夯实农户小康路

汪财生，浙江万里学院高级实验师。自2011年入驻象山县担任科技特派员以来，他在市、县科技局及当地政府的指导与支持下，以满足"农民增收、农村发展、农业增效"的科技需求为根本出发点，充分发挥自身专业知识，积极开展农业技术攻关、促进科技成果转化等科技服务工作，取得突出成效，先后获评"浙江省优秀科技特派员""宁波市优秀科技特派员"。

阴雨连绵，象山县高塘岛乡的红心火龙果示范基地里却是一派繁忙景象。排列整齐的支架上果藤翠绿繁盛，一颗颗饱满硕大、通体透红的火龙果被采摘后迅速称重，分装入箱后投放到各地市场。

站在大棚边的叶良财笑容满面。今年采用新型光照技术，果实成熟期足足提前了1个月。"有了科技的支持，火龙果产量大幅度提升，每亩能够增收5万元。"叶良财说。

10多年前，高塘岛乡还是宁波市相对落后区域，经济发展滞后。如今，红心火龙果已成为当地一个响当当的农业品牌，带动数百农户致富。这一变化，离不开宁波市一位科技专家的帮助。

他叫汪财生，是宁波市科技特派员、浙江万里学院教师，被当地人称作乡间"智多星"、城里来的"农专家"。自派驻以来，汪财生深入田间地头，为当地农民点亮科技之光，也为他们带去了致富的希望。

❀ 汪财生(右)指导农户种植火龙果

"那时候,宁波还没有本地产的红心火龙果。"汪财生回忆。2011年,他作为宁波市科技特派员与高塘岛乡的龙珠村对接。考察后发现,当地农户尝试过多种作物的种植,但几乎年年遭受台风灾害,入不敷出。因此,农户种植积极性普遍不高。

在汪财生的提议下,大家将目光投向了红心火龙果。"作为一种仙人掌科的植物,火龙果长势强劲,后期管理比较简单,不需要重劳力投入。"更重要的是,火龙果扎根很深,受台风天气的影响比较小。这对于高塘岛乡农民而言,无疑是一个优良项目。

通过多方联系奔走,汪财生从我国台湾地区引进了几十株红心火龙果苗。当年,几家农户抱着试一试的态度,在新搭建起来的温室大棚里跟着汪财生试种。从肥水管理、温度控制,到病虫防害、人工授粉,专业出身的汪财生亲自上阵,手把手地为农户示范指导。

❀红心火龙果

让人惊喜的是,这批火龙果树次年就挂了果,一上市就成了抢手货,每千克卖到60多元。眼看着先行试种的农户尝到了"甜头",其他农户纷纷向汪财生求教经验,种植面积逐渐在全乡扩大到300多亩。

汪财生几乎每个月都前往高塘岛乡,尝试将最新技术从实验室搬到农田,让火龙果从一年四收增加到一年五收。

他还为当地农民从新疆农业科学院、宁波市农业科学研究院等地,引进优质"东方蜜""黄皮9818""甬优"系列西甜瓜品种,通过栽培示范,形成春季西瓜、秋季哈密瓜的轮种生产模式,增加了农民亩产收入。为改良岛内经济农作物品种,他多次为当地农民从福建省、四川省、我国台湾地区等地引进穆阳水蜜桃、黄心猕猴桃、火龙果和紫、黑色土豆等优质经济作物新品种20多个,在1000多亩土地上推广瓜类轮种模式。在汪财生的带领下,当地农户又开始在葡萄、西甜瓜栽培及梭子蟹、海鸭养殖上下功夫。当地农户的钱袋子越来越鼓,日子越过越红火。

　　在宁波市,有一大群像汪财生一样驻扎于农田的特派员。他们"将论文写在大地上",把成果留在农户家,带领农户增产增收、脱贫致富,吹响了宁波市乡村振兴的号角。

刘珠琴："樱桃博士"将"致富经"播撒到田间地头

刘珠琴，宁波市农业科学研究院林业所高级工程师。自担任科技特派员以来，她充分运用自身在樱桃、蓝莓等新兴水果培育方面的专业知识，深入一线开展技术培训与指导，向宁波市樱桃种植户传授樱桃栽培管理技术，积极探索生态种植模式，受到农户的一致好评，被大家亲切称为"樱桃博士"。

2021年2月5日一早，宁波江北晨源灵芝专业合作社的负责人罗幼君就等在村头，她等的人是宁波市农业科学研究院的"樱桃博士"刘珠琴。

前段时间的两次寒潮，让罗幼君农场内的樱桃、橘子、桃子等果树遭遇了一场危机，她一直在微信上向刘珠琴咨询。当天，刘珠琴来到农场，现场"把脉"。

在宁波市，种了樱桃的农户没有不知道刘珠琴的。

宁波市本地樱桃果实小、甜度低、易裂果。10多年前，全市范围内就余姚市梁弄镇在种植樱桃，面积仅几百亩。

为破解难题，刘珠琴从省内外引进樱桃优株，并与当地合作社合作开展育种，培育出的樱桃株系"梁弄红"又大又甜，单果重可达5.3克，产出比本地传统品种高出近1倍，且在春季雨水季节不易裂果，每亩综合种植效益超1万元。

❀刘珠琴在樱桃园查看果树生长情况

　　随着良种良法的普及应用,农户种植樱桃的积极性不断高涨。目前,梁弄镇樱桃种植面积扩大到6000多亩,成为宁波市樱桃种植最集中的区域,江北区、鄞州区等地也逐渐有农户开始尝试。2020年,梁弄镇"小水果特色农业强镇"通过省级验收,"余姚樱桃"获得农业农村部农产品地理标志证书,与奉化区水蜜桃、象山县"红美人"柑橘等齐名。

梁弄镇樱桃产业的兴起,离不开科技的引领。梁弄镇天绿水果专业合作社负责人汪国武与刘珠琴打了10多年交道,学到了许多"黑科技":通过矮化栽培的方式,方便田间管理和游客采摘;通过疏花、疏果和控制叶果比,提升樱桃的甜度和口感;通过加装避雨设施,避免樱桃裂果,等等。

"种植中碰到难题,我第一反应就是打电话给宁波市农业科学研究院的专家。"汪国武说,通过嫁接方式扩大"梁弄红"种植面积,并通过生态栽培技术增强地力,提高产量。在良种良法的加持下,天绿水果合作社的樱桃连续两年夺得余姚市樱桃王擂台赛冠军。

❀刘珠琴(右)与种植户交流

"樱桃博士"不仅专注于樱桃产业。作为科技特派员,刘珠琴在田间地头走访的时候,时常会帮助种植其他品种果树的农户,他们问的问题多种多样——果子为什么坏掉了?枝丫要怎么修剪?果树要怎么保暖?刘珠琴总是耐心地当场解答,遇到一时回答不了的问题,刘珠琴就记录下农户的联系方式,回去查资料、想办法,并在第一时间把解决的办法告诉农户。日积月累,她的微信好友列表里多了数百位种植户。

为了改良宁波地区果树品种及促进技术多元化推广,以刘珠琴为代表的科技特派员们积极协调南京农业大学、上海交通大学、浙江省农业科学院等相关专家来宁波市考察调研,并在余姚市、江北区等地引进推广柑橘、凤梨、太秋甜柿、葡萄柚等10余个品种的果树,还研发了樱桃酒、蓝莓酒的酿造工艺,促进了宁波市果树科技创新整体效益的提升。

"蓝莓酒等产品通过检测并获得了酒类食品生产许可证,促进了宁波市农业产业竞争力和自主创新能力进一步提高。"刘珠琴说。

和种植户打了10多年交道,刘珠琴发现,新型农民越来越多,大家敢于尝试新品种的引进和培育,也积极与她探讨一些技术上的问题。这与宁波市农业科学研究院正在实施的科技兴农"十百千"工程密切相关。"十百千"工程,即打造10个核心示范基地、辐射带动100个示范基地、年培训1000名新型农民。该工程实施以来,宁波市农业科学研究院依托浙江省农民大学、宁波市农民学院和院地合作平台,紧密结合宁波市主导特色产业,开办各类培训班。感受到这些变化,刘珠琴说:"某种程度上来说,农民也是我们的老师,他们在生产上积累的经验远远高于我们,只是他们没有经过系统的学习,没办法把它总结出来。但不可否认的是,每一次交流,都是我们双方互相学习的一个过程。"

截至目前,以刘珠琴为典型缩影的科技特派员们通过为农户提供各类培训,已累计带动优势品种、技术应用超过1293万亩,培训新型职业农民超1815人次,创造社会效益达32亿元,有力助推了乡村产业振兴。

吴月燕：让果更甜花更美农民更富

吴月燕，浙江万里学院教授，硕士生导师，主要从事园林园艺植物遗传育种、营养生理和分子改良、植物生态等方面的教学与科研工作。担任科技特派员近20年来，她的足迹遍布宁波市各大园林种植基地，指导果树和花卉种植大户、合作社等，解决栽培过程中优良品种选配、育苗、栽培管理、花卉园林应用、果品安全生产等关键问题，在新品种推广、栽培管理、示范基地建设、病虫害防治、苗木繁育、品牌建设等方面取得了突出成绩。

吴月燕是一位园艺专家，除了完成教学和科研工作，她的足迹遍布宁波市各大园林基地，田间地头常常活跃着她的身影。

最初，吴月燕带领她的团队致力于南方大棚鲜食葡萄栽培技术的研究。由于夏湿的环境条件，鲜食葡萄在宁波地区很难栽培成功，适宜栽培的葡萄品种也不多。吴月燕及其团队不辞辛苦，帮助农民选择适宜栽培的优良品种、建造大棚设施、整形修剪、保花保果等，从一户一户示范推广，发展到以葡萄栽植大户为主，建立农业合作社。经过吴月燕及其团队的不懈努力，宁波市的大棚葡萄面积从不到10亩发展到目前超过13万余亩，年产值超过13亿元，已经成为宁波市目前设施面积最大、效益最高的果树产业。团队培育的优良品种"鄞红"葡萄，已经成为浙江省葡萄的主栽品种之一，带动宁波市许多农民脱贫致富，省外推广至江苏省、江西省、湖南省、河南省等，每年产生直接经济效益5亿余元。

❖吴月燕现场教授葡萄剪枝技术

　　杜鹃花产业是宁波市的特色产业。北仑区柴桥街道是我国的杜鹃花之乡,但长期以来,宁波市的杜鹃花存在品种单调、栽培技术水平较低等问题。21世纪初,吴月燕及其团队开始研究杜鹃花的选育种和栽培技术,并以柴桥街道为中心,不断推广新品种、新技术。在吴月燕及团队的潜心钻研下,近三年来,杜鹃花在浙江省、江西省、江苏省、福建省等推广应用面积达3万余亩,总销售18亿余元,利润近8.9亿元,推动了杜鹃花产业蓬勃发展。

　　在宁波市北仑亿润花卉有限公司所在的基地,吴月燕及团队建立起杜鹃花种质资源库(共11个种源、404个品种),创新性地开展了芽变选种、杂交育种,并结合现代生物学技术选育新品种,共获得10 000余株后代,获得优良种质100余个,培育了不同生态建设用途的21个杜鹃花品种,另有20个品种申报了国家新品种保护。该基地已经成为全国杜鹃花优良品种的选育中心,培育了多个露地栽培的杜鹃花品种,丰富了宁波市绿化杜鹃花的品种种类,使杜鹃花的花期达到半年以上,且花色丰富。宁波杜鹃花盆花也实现了周年供应。

❀杜鹃花

在宁波市科技局的积极推动下,吴月燕及其团队还与贵州黔西南喀斯特区域发展研究院建立了紧密联系,在该研究院建立了大棚葡萄示范基地,引进"鄞红""阳光玫瑰"等5个优良品种。2020年,团队指导服务的企业慈溪市新浦一帆蔬菜农场和宁波市镇海滴翠农场,与黔西南布依族苗族自治州相关企业建立帮扶关系,全程帮助当地企业开展葡萄栽培,通过科技培训、技术人员交流、实地指导等方式,向当地企业和技术人员传授葡萄等果树栽培技术,围绕大棚搭建、葡萄定植、整形修剪、病虫防治、冬季清园等进行跟踪式指导。以喀斯特区域发展研究院为中心示范点,在万峰林乐立基地、万峰林双生村、兴仁县大山镇猪槽箐村等建立了葡萄栽培基地,同步开展整形修剪技术、肥水管理技术、花果管理和病虫害防治技术培训,为葡萄避雨棚搭建和改造提供方案,实地开展葡萄整形修剪示范50余亩,培训人员60人次,有力地带动了当地群众脱贫致富。

服务期间,吴月燕及其团队通过举办培训班、科技下乡、专题讲座、技术答疑、发放科技资料等方式进行技术指导与推广,特别是针对果树和花卉安全生产进行重点的宣传和培训(如生长调节剂和农药的安全使用),积极推广有机栽培的理念。经过培训后,种植户们在葡萄、杜鹃花栽培管理、病虫害防治和生产经营水平等方面均有了较大提高。此外,吴月燕及其团队还不定期地通过生产座谈和经验交流,及时解决广大农户在生产实际中遇到的各种疑难问题,每年团队成员进行栽培技术、病虫害防治等方面的实地指导30余次,培训300人次。

王忠华：发挥专业特长，指导农户科学种植

王忠华，浙江万里学院教授，硕士生导师，主要从事药用与园艺植物种质资源评价与创新研究，先后主持国家、省、市级项目20余项，获各级科技进步奖10余次。2009年起担任宁波市科技特派员，2014年起担任浙江省科技特派员，2013年起担任宁波市药用植物新品种选育与高效栽培团队首席专家，2019年起担任浙江省特色农业与休闲经济科技特派员团队首席专家。

在王忠华的带领下，浙江万里学院药用植物新品种选育与栽培科技特派员团队与浙江省中药研究所等单位合作选育了浙贝母"浙贝3号"新品种。该品种具有生长整齐稳定、有效生育期长、抗病性强、繁殖系数高、枯苗迟、品质优等优势，于2018年获新品种证书。

"浙贝3号"在浙江省浙贝母产业高效发展中发挥了较大的作用，主要表现在三个方面：一是提高了单位产量，促进农民增收。"早种十天不如晚枯一天"。"浙贝3号"所具有的晚枯特性显示其具备较好的丰产性，示范基地平均亩产（鲜）1260.8千克，比"浙贝1号"增产27.6%，为农户扩大生产、增加收益奠定了种源基础，新品种也得到了农户的充分认可。二是提高繁殖效率，促进集约化良种繁育。"浙贝3号"鳞茎繁殖系数达2.6，比原有品种提高近40%，并对鳞茎腐烂病具有较高抗性，良种繁殖效率显著提升，加之农户对"浙贝3号"的喜爱，促使良种繁育集约化经营稳步推进。三是减少农药使用，促进生态化发展。"浙贝3号"具有较强的抗

病性,与其他品种相比,田间用药可减少1~2次,不仅对农业生态保护具有较好的推进作用,更重要的是有效降低了农药污染的潜在风险,确保药材品质安全。

❋王忠华(右二)在田间指导贝母种植

"一粒种子改变世界"充分表达了新品种选育在促进人类进步中的历史地位和提高产业综合效益的重要性。"浙贝3号"的选育与应用也充分证明了依托科技创新,促进产业增效和农民增收的重要作用,更体现了从中药材生产源头确保产品质量安全的重要意义。随着中药材科技专项计划的深入实施,将会有更多、更好的新品种应用于生产实际,从生产源头全面推进浙江省中药材产业创新发展。"浙贝3号"因优势明显,被浙江省农业农村厅推荐为2020年农业中药材唯一主推品种。

❀王忠华（右）指导猕猴桃种植

　　除了潜心钻研浙贝母新品种，2014年，王忠华作为浙江省科技特派员来到天台县街头镇。在天台县科技局与街头镇相关部门、领导的关心与支持下，他与刚开始创立农业产业的陈飞船达成协作，此后一直在天台县飞船家庭农场从事红心猕猴桃基地建设与绿色安全高效栽培技术研究推广工作。在这几年里，他对基地实际情况开展针对性指导，包括土壤肥力和猕猴桃果实品质的检测、溃疡病的防治及仿野生高效栽培技术研究。通过技术改良，基地大大减轻了红心猕猴桃基地因缺铁与溃疡病引起的损失，提高了红心猕猴桃的果实品质，为下一步打造品牌奠定坚实基础。目前，飞船家庭农场已初步建成红心猕猴桃基地100亩，其果实因品质口感好、产品安全而备受消费者青睐。仿野生栽培技术的示范与推广为天台县猕猴桃产业发展提供了有力的技术支撑。

汪国云：心系百果，情暖农心

汪国云，余姚市林果首席专家、水果与特产团队负责人。作为宁波市科技特派员之一，20余年来，汪国云一直从事水果特产技术推广与科研工作。到目前，汪国云和他的团队累计推广实用技术40余项，培育省级良种3个，获省部级科研奖近20项，发表论文40余篇，编写专著7部，获专利8项，累计为农业增效、农民增收超过20亿元，他先后获"国家林业产业突出贡献奖""全省突出贡献农技员"等荣誉称号。

余姚市是中国杨梅之乡。过去，杨梅有大小年之分，大年杨梅产果多、果形小，品质差，而小年恰恰相反，造成"小年有价无果，大年有果价低"，严重影响余姚市杨梅产业的健康有序发展。20世纪90年代以来，汪国云联合浙江省农业科学院专家团队通过近十年科研攻关，总结形成以"药剂疏花"为核心的余姚市杨梅大果优质高效生产技术模式，彻底解决了杨梅大小年生产难题，汪国云也被广大农户戏称为"杨梅计划生育专家"。

目前，余姚市85%以上的杨梅都用上了汪国云的"杨梅疏花技术"，每年增加经济收益3000余万元。同时，这项技术不仅在浙江省温州市瓯海区、台州市仙居县等地应用，还在江苏省、贵州省、云南省、广东省、福建省等地得到推广，累计带动农户增收超10亿元。

❀ 汪国云查看樱桃长势

余姚市是浙江省水果重点生产地区,除杨梅外,樱桃、葡萄、梨等特色水果资源丰富,其中樱桃更是革命老区梁弄镇等地农民的重要产业。在农村,老人们常说"樱桃好吃树难栽"。为有效提升余姚市樱桃栽培技术水平,破解产业发展困局,2007年,汪国云会同当地农技人员、种植大户潜心研究樱桃等品种培育与关键技术。历经10多年的选育推广,"梁弄红"品种于2022年1月成功获得浙江省林木良种审定证书,成为当年浙江省推广的主栽品种。

目前,余姚市樱桃种植面积达6000多亩,"梁弄红"等良种覆盖率达90%以上,年增收2000多万元。在汪国云团队指导下,果蔬避雨设施、高效栽培技术得到广泛应用,梁弄镇百果园基地种植户汪国武成为首批中国林业乡土专家,涌现出亩产值3万多元的高效典型基地。2018年,梁弄镇入选浙江省农业特色乡镇,余姚市樱桃于2021年被列为国家农产品地理标志登记保护产品。

如何改造传统水果特色产业,增强余姚市水果特产市场竞争能力,是一项长期而艰巨的任务。近20年来,汪国云不忘初心,持续深耕余姚市果树与特产技术推广与科研工作,通过结对帮扶科技示范户,建立科技应用示范点,针对性地开展实用"新技术、新品种、新产品"等推广应用,扩大科技应用覆盖面,提升产业科技贡献率,助力特色水果产业健康发展。

❖汪国云查看葡萄新品种的生长情况

团队还先后参与对口支援贵州省黔东南苗族侗族自治州、黔西南布依族苗族自治州、重庆市南川区、四川省凉山彝族自治州,以及浙江省丽水市松阳县等地,协力当地发展杨梅、蟠桃等新兴特色水果产业,帮助乡亲共走致富路。自2002年起,团队参与帮扶的黔东南苗族侗族自治州麻江县河山村,已发展出杨梅基地2400多亩,成为贵州省杨梅特色村。有民谣唱道:"深山栽种'红宝石',红了枝头富了民。"杨梅产业真正成了"科技果""致富果"。

母昌考:一位姓"母"的蟹保姆

❀ **实验室里的母昌考**

母昌考,教授,农业农村部绿色海水养殖重点实验室(部省共建)主任,宁波大学海洋学院副院长,担任宁波市个人科技特派员12年、团队科技特派员12年。

中国有4.5亿亩盐碱地,如果能够利用盐碱地的土地特性,攻克青蟹盐碱地养殖的难题,那将会为盐碱地上的农民带来多大的致富希望!

2017年,母昌考带领团队来到河南省兰考县实地调研。兰考县张庄村紧邻黄河,有大片的盐碱地,正是当年焦裕禄同志治沙治盐碱的地方。

经过近一年反复试验论证,团队完成了青蟹低盐适应机制的研究,首次系统揭示出青蟹适应低盐的科学理论。2019年,团队研发出苗种淡化技术,并开始在盐碱地开展试验养殖。历经多年努力,团队逐一攻克青蟹在盐碱地"能不能存活、能不能养殖、能不能出效益、能不能量产"等科研难题,成功让来自东海之滨的青蟹"移民"中原大地。"海蟹安家黄河边 盐碱瘠土变良田"案例入选教育部第四届省属高校精准帮扶典型项目,荣获"第三届全球减贫案例征集活动最佳减贫案例"。

"只要有盐碱的地方,团队就能养活青蟹。"母昌考表示,目前团队的青蟹养殖技术已经推广至宁夏回族自治区、内蒙古自治区、山东省等地的盐碱地上,在让当地农户增收致富的同时,也为国家水土改良、乡村振兴开创了一条科技新路。

梭子蟹是象山县的主导产品之一。十余年来,母昌考扎根农村一线,重点围绕虾蟹人工繁育和高效养殖技术开展科技特派员服务工作,积极为基层引进先进科技新成果、新品种、新技术,创建示范基地。相关研究成果先后获浙江省科学技术奖二等奖、教育部高等学校科学研究优秀成果奖二等奖和农业农村部中华农业科技奖一等奖。

针对象山县三疣梭子蟹养殖产业面临的缺乏养殖优良品种、养殖技术粗放和专用配合饲料缺乏等问题,母昌考带领团队,联合派驻单位宁波鑫亿鲜活水产有限公司,建立校企合作实践基地,从新品种选育、养殖模式和营养供给等不同环节开展创新性研究。选育出适合南方地区养殖的三疣梭子蟹"科甬1号"新品种,在象山县、宁海县、奉化区、舟山市等地示范推广面积超10万亩,新增产值超5亿元。母昌考带领团队建立单体筐养高产养殖技术,成功使三疣梭子蟹养殖成活率由传统的5%左右大幅度提升至70%以上;开发出自动化投饲系统、信息化水质与生物监测系统,推动这个十多年前只有400万元投资规模的公司,发展壮大成为资产近亿元的市级农业龙头企业;同时,在浙江省、宁波市的海洋与渔业、农业、科技等部门的大力支持下,将相关技术成果持续向周边推广辐射,引领与支撑梭子蟹产业健康发展。

葛楚天：十年一剑，勇攀科研高峰

葛楚天，教授，浙江万里学院生物与环境学院院长、动物性别与发育重点研究所所长、宁波市重点实验室（A类）主任。作为中华鳖育种与改良科技特派员团队成员，他长期从事水产动物性别决定机制与性控育种研究，2021年起担任宁波市中华鳖产业提升创新团队负责人。他荣获浙江省五一劳动奖章、浙江省高校创新领军人才、宁波市有突出贡献专家等荣誉。

余姚市是"中国生态甲鱼之乡"，中华鳖养殖也是当地农民增收致富的特色产业。然而中华鳖养殖产业中存在高品质良种缺乏、良种制种与繁育技术不足以支持产业发展对良种苗种数量需求的问题。中华鳖养殖产业亟须解决苗种繁育技术瓶颈，实现良种选育、提质增效。

葛楚天带领团队驻点余姚生态甲鱼养殖场后，针对中华鳖雄苗较高的经济价值，基于中华鳖性别决定基础理论研究，开发出一套工厂化的中华鳖雄性苗种培育技术，制定技术规范，实现产业化应用的试点示范；在余姚市明凤淡水养殖场和绍兴市大阪水产合作社等养殖企业建立示范基地，开展510余万枚鳖卵规模的技术示范推广，平均雄性率90.1%。

同时，团队每年还赴湖南省汉寿县（中国"甲鱼之乡"）和省内杭州市、绍兴市、丽水市等地的中华鳖养殖企业进行技术指导和培训，促进科研成果高效转化，推广应用累计规模达1000万只以上鳖卵，新增产值1.26亿元，增加利润6803万元，显著提高了当地养殖企业的经济效益。

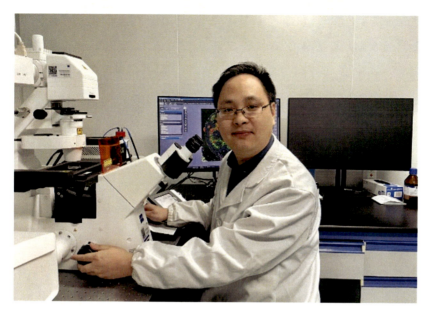

❖ **实验室里的葛楚天**

"在余姚黄家埠甲鱼养殖场内,早上5点就要起来挖蛋,一天要把近1万枚鳖蛋摆放在孵化盘中,盖满沙子、浇水,搬至孵化架上,每一盘接近40斤。"中华鳖的受精蛋孵化受季节限制性明显,鳖产蛋时间集中在6—7月,为了保证每一批孵出的中华鳖时期一致,在这几个月里,葛楚天团队需要处理数十万枚鳖蛋,集中进行筛选、孵化、取样等工作。

服务至今,团队开发出无介质中华鳖胚胎孵化技术与装置,与传统中华鳖孵化模式相比,具有环保、省时省工省力、孵化率高、成活率高等优势,大大提高了中华鳖养殖产业的孵化效益;发明的高稳定性的可温控、湿控的鳖卵无接触式孵化系统及其设施化、沙卵式雄性诱导技术,雄性率为目前国内外最高水平,现已在宁波市及其他省外地区示范推广;研发出的ZZ伪雌鳖诱导方法,具有绿色生态、性别逆转率高、环境污染小的特点。利用ZZ伪雌鳖诱导方法,团队目前已培育1~4龄的伪雌鳖群体3万多只,为中华鳖全雄育苗培育提供了潜在应用价值,未来有望攻克中华鳖全雄苗种制备技术。

  同时,团队还指导乡镇养殖户开展茭白田生态甲鱼养殖模式,充分利用茭白田的水体空间,进行中华鳖养殖。茭白田有鱼、螺、蚯蚓和各种水草,是中华鳖生态养殖的理想场所。茭白田中套养中华鳖,不但给中华鳖提供了理想的生长环境,中华鳖的养殖也给茭白田起到了除草、驱害、松土施肥的作用。该模式在同一生态环境中,利用水生动植物各自的生态生物学特性,实现经济效益和生态效益双丰收。

  从解决生产实践中的问题到攀登科学理论高峰,葛楚天在龟鳖动物性别决定机制研究上取得了一系列原创性成果。他创建首个龟鳖动物在体基因功能研究技术体系,鉴定一系列龟鳖性别决定和分化的关键基因及其调控级联,原创性揭示一种龟性别决定的表观遗传调控机制,提出"温度—表观遗传—性别决定基因"假说;以第一作者或通讯作者在 *Science*、*Development*、*Endocrinology*、*Genetics*、*Biol Reprod* 等国际著名学术期刊上发表论文30余篇,发明专利授权3项;先后获得全国农牧渔业丰收成果奖一等奖、浙江省科技进步奖二等奖、浙江省自然科学奖二等奖。

吴水祥:甘当农技服务"老黄牛"

吴水祥,宁波市镇海区首席农技专家、镇海区科技特派员,长期从事农作物病虫害测报和防治技术指导工作,曾荣获浙江省农技推广贡献奖、全国农林牧渔丰收奖三等奖、镇海区"农技推广大使"称号。

做好病虫测报防治工作,他为农业生产保驾护航。

镇海区水稻白叶枯病、二化螟、稻纵卷叶螟、稻飞虱、赤霉病等病虫害时有发生,对粮食生产构成重大威胁。作为稻田农户的"智囊",吴水祥深入九龙湖镇田杨陈村的田间地头,贯彻"公共植保,绿色防控",积极开展农作物病虫害绿色防控、统防统治工作,及时准确发布病虫情报,大力推广高效低毒农药及生物农药防治病虫害,倡导化肥、农药零增长,保障镇海区粮食安全、农产品质量安全、生态环保安全。

他推广节本增效技术,促进粮食规模化生产经营。

近几年,镇海部分地区的粮食生产出现成本高、收入少,经济效益不高的局面,影响农民种粮积极性。从2017年开始,吴水祥研究无人机防治农作物病虫害的效果,开展新品种新技术新农药的示范推广,累计推广应用植保无人机200万亩次,大大提高了生产效率;引进和推广早稻直播技术5万亩次,推广白叶枯病综合防治技术35万亩次,推广赤霉病防治技术10万亩次。节本增效农业技术的推广对提高粮食产量、改善品质,促进粮食规模化生产经营发挥了重要作用。

❀吴水祥在查看水稻长势

切实维护农民利益,他是农民的好朋友。

"维护农民利益和种粮积极性是农技人员的职责所在。"吴水祥不仅教农民种植,还是大伙信赖的"金牌调解员"。他对农民做到有求必应,急农民所急,想农民所想,第一时间帮助解决困难、问题。有的农资商推销的农药让农作物遭了药害,产量明显降低,农民们还以为是自己种植的问题。吴水祥每次都要去现场查看分析,判断出是药害后,还会帮农民索赔。对于农民其他方面的困难,他也想方设法调配资料,尽力予以解决,得到了农民的信任和尊重。尽管他已于2023年1月退休,但农民还是习惯找他解决问题,他也还是和退休前一样,三天两头往地里跑。